平成経済　衰退の本質

金子　勝
Masaru Kaneko

岩波新書
1769

はじめに——失われたものを取り戻す

日本はもはや先進国とは言えない。

今の日本は、厳しい眼で自分を冷静に見つめ直す謙虚さを失ったかのようである。それこそが、戦後日本の美徳のひとつであったはずなのに、だ。いまや政府は平然と公文書や政府統計を改竄《かいざん》するようになり、森友・加計問題では、改竄を指示し、国会で偽証を繰り返した高級官僚が不起訴となり、高額な退職金を受け取る一方で、改竄を強いられた現場の近畿財務局職員は自殺に追い込まれた。閣僚が公職選挙法や政治資金規正法に違反しても、一切罪を問われることはない。

政府だけではない。名だたる大手企業でもデータ改竄や会計粉飾が当たり前になり、それが露見しても経営者は責任をとらない。かつての日本では、トップから末端の現場まで生真面目に物作りに励み、それが高品質の日本製品を世界に広めたはずだった。

どう見ても、日本は衰弱する国である。ナショナリズムをかき立てて、いくら中国が嫌いだ、韓国が嫌いだと言ったところで、何も始まらない。実際、中国のファーウェイや韓国のサムソンに勝てる日本企業は見当たらないからだ。かつて世界有数のシェアを誇っていた日本製品は自動車を除いて次々と地位を落とし、情報通信、バイオ医薬、エネルギー関連などの先端分野では、日本企業は完全に立ち後れてしまった。

「平成」時代が始まった一九八九年はバブルの頂点にあり、「ジャパン・アズ・ナンバーワン」だとおごり高ぶっていた。しかし、おごり高ぶっている時にこそ、滅びは始まるものだ。実際、その後に続く「失われた三〇年」は日本の産業競争力を決定的に落としてしまった。

本書で明らかにするように、バブル崩壊後の「失われた一〇年」と言われる中で、経営責任も監督責任も問われることなく、不良債権の抜本的な処理を怠ったために、九七年一一月の北海道拓殖銀行、山一證券などが経営破綻する金融危機が発生した。この時を境にして、賃金も、中位の所得も、家計消費も、生産年齢人口も、そしてGDPも減少ないし停滞していった。九七年に日本経済の構造が一変し、「失われた一〇年」が「失われた二〇年」になった。そして二〇一一年の福島第一原発事故でも同じことが繰り返され、さらに「失われた三〇年」になっていった。リーダーが責任を問われなければ、産業も社会も生まれ変われない。しごく当然のことが起きているだけである。

実際に、厳格な債権査定に基づいて貸倒引当金を積んで企業再建に取り組むことも、いったん国有化して不良債権を切り離してゆっくり処理することもなく、ひたすら財政金融政策でずるずるとゾンビ化する企業群を救済してきた。そして、その行き着いた先が「アベノミクス」だったのである。

当初二年で終わるはずだった異次元の金融緩和は、デフレ脱却に失敗して六年以上も続いたため、〝出口のないネズミ講〟と化してしまった。だが、政策的失敗に対する根本的批判はかき消されてしまう。その結果、言論の世界の萎縮もあって、人々は目先のことしか考えず、〝ゆでがえる〟になっている。もはや、ルイ一五世の治世下のように、「我が亡き後に洪水よ来たれ」の状況に陥っていると言ってよいだろう。

安倍晋三政権は、外交も内政も掲げた政策目標をほとんど達成しておらず、首相はそのことにまともに答えず、つぎつぎとスローガンを変えていくだけ。メディアはひたすら自粛を重ね、政策の失敗の検証も批判もせず、政権の〝やっている感〟を「演出」することに終始する。まるで開発独裁の国になってしまったようだ。このままでは、近い将来に滅びが待っているだろう。

本書は、この「失われた三〇年」となった「平成」時代を振りかえり、その「衰退の本質」

に迫ることを目指す。まず第1章で、(いまや政府統計の信頼度が落ちているとはいえ)できるだけデータを使って、経済衰退の実相を明らかにする。つぎに、第2章で先進諸国における経済政策の変遷をたどったうえで、第3章では、「失われた一〇年」の原因が全く誤ったグローバリズムにすり替えられ、周回遅れで「新自由主義」的政策を採用しては失敗を繰り返し、その度に財政金融政策でごまかす政策がとられてきた日本の経済政策の変遷をたどる。そして、第4章において、この衰退のメカニズムを作り出した誤った政策の集約点としてのアベノミクスが、経済破綻を導く危険性を指摘する。そして第5章で、新しい産業と社会を創出するために、どのような経済政策に転換すべきかを論じ、最小限必要なオルタナティブを提示する。

本書を通じて明らかにしたいのは、何より戦後直後にもう一度戻る気持ちで、やり直す謙虚な気持ちをもたなければならないということである。そうしなければ、日本は半永久的に再生することはできず、「失われた五〇年、一〇〇年」になってしまうだろう。

目次

第 1 章

資本主義は変質した

1　バブルを繰り返す時代へ

「バブル循環」

まもなく「平成」という「時代」が終わる。

その間に、資本主義は大きく変わった。振り返れば、一〇年おきにバブル崩壊が起きるようになっている。筆者は、これを「バブル循環」と呼んできた。一九八七年のブラックマンデー、九七年の東アジア通貨危機、二〇〇七年のパリバショックと、株式市場や為替市場で暴落が発生する。そして、その後に本格的なバブル崩壊がやってくる。一九九〇年代はじめの不動産バブルの崩壊、二〇〇〇年のITバブル(ナスダックバブル)の崩壊、〇八年のリーマンショックである。世界中に投機マネーがあふれ、一〇年周期の景気循環がバブルとバブル崩壊を繰り返すように変質したのである。

思い起こせば、「平成」時代(一九八九〜二〇一九年の三〇年間)は、バブルの崩壊から始まった。「昭和」(一九二五〜八九年の六四年間)を戦争で区切れば、終戦後の後半は高度成長を達成していく「復興」と「成長」の時代であった。それは一九八〇年代後半のバブル経済で頂点に達した。そして、「平成」に入ってすぐにバブルの崩壊が始まった。バブルにのめり込めばのめり込むほど、その後の落ち込みは大きくなる。そして、「失われた三〇年」と言われるように、本格的な不良債権処理を怠ったために、九七年一一月に北海道拓殖銀行、山一證券などが経営破綻する金融危機に陥った。それ以降、経済も社会も大きく変わった。「平成」の時代はバブル崩壊の処理に失敗してから「長期停滞」の時代となった。

「平成の三〇年」はそのまま「失われた三〇年」と重なり合う。そして経済学にとっての「失われた三〇年」でもあった。既存の経済学においてバブルはせいぜいのところ〝合理的〟なものであり、政府のマクロ経済モデルはバブル崩壊と金融危機を予測できなかった。もちろん、その正しい処方箋もそこからは出てこなかった。従来の経済学では対応できない問題が次々と発生した。それゆえ投げかけられた問いはいずれも根源的である。

「紙幣本位制」の時代

なぜバブル循環が起きるようになったのだろうか。

一九七一年に、ドルと金の結びつきが断たれて以降、国際通貨は「紙幣本位制」とでもいうべき「管理通貨」制度になった。そして、国際通貨制度はスミソニアン協定（各国通貨をドルに対して増価し、為替変動幅を一％から二・二五％に拡大する）を経て変動相場制に移行した。金本位制度のように、貨幣の信用を得るために希少金属の裏付けを求めると、不況期にはその希少な金属貨幣の量に縛られて貨幣発行の弾力性を失い、経済の縮小を招きやすくなる。歴史的には、紙幣の発行量に関して金準備の縛りが緩められてきた。そして最終的に、七一年のリチャード・ニクソン元アメリカ大統領の「新経済政策」によってドルと金のリンクが断ち切られた。だが、「紙幣本位制」になると、実物経済との関係が断ち切られるので、通貨発行量に関して歯止めを失いがちになる。それはバブル依存症を生み出す原因となる。

不況の度に創り出される大量のマネー、ニアマネー（いつでも現金化できる金融資産）が溢れ出し、やがてそれは投機マネーとなって暴れ出すのである。その結果、景気循環は、財やサービスの生産・取引の実体経済が主導する景気循環から、八〇年代後半以降は株や土地住宅の価格（あるいは商品先物などの金融商品）が主導するバブル循環へと変質していった。八〇年代後半は不動産バブル、九〇年代末はＩＴバブルという株バブル、二〇〇〇年代半ばは住宅バブル、一〇年代は新興国と石油バブルといった具合である。

こうした「バブル循環」の下では、政権はバブルを創り出して選挙に有利になるように中央銀行を政治的に利用しやすい。だが、政府と中央銀行の信用がなくなれば、紙幣の信用も失われる。一九九〇年代に中央銀行の「独立性」が盛んに議論されたように、中央銀行の役割は、政治から「独立性」を保ち、バブルをいかにコントロールするかに変わった。それを体現したのはアラン・グリーンスパン元FRB（連邦準備制度）議長であった。バブルが昂進してくると、素早く小刻みに金利を引き上げてゆき、バブルが崩壊すると、素早く小刻みに引き下げていくのである。グリーンスパンはそれに成功したかに見えた。

しかし、二〇〇八年九月のリーマンショックを契機にして、中央銀行の「独立性」も失われていった。FRB、ECB（欧州中央銀行）、日本銀行（日銀）の政策金利はゼロになり、そしてECBと日銀は中央銀行内の当座預金勘定にマイナス金利を適用するに至っている。これまで歴史上なかった状況が生み出されているが、この点については第4章で検討する。

もうひとつ、紙幣が通用するには、他の国がその紙幣の価値を承認することが必要である。金とのリンクのような誰もが守る基準がなくなると、第二次世界大戦前に起きたように為替レートを意図的に切り下げ競争をして自国の輸出に有利なように動く可能性がある。実際、固定相場制の時代には、中央銀行は国際収支が悪化すれば引き締めて通貨価値を維持するように動くことを余儀なくされたが、変動相場制の下では、中央銀行は金融緩和政策をとって為替レートを切り下げる方が有効になる。それが為替切り下げ競争になると、国際通貨体制は不安定化し、成り立たなくなる。つまり変動相場制の下での自由な為替取引は貿易収支の自動調整機能を持つわけではない。それゆえ、一九七〇年代の石油ショックとともに、経済政策の協調を図るためにG７という先進七か国の協議体が形成された。と同時にアメリカは、七四年に通商法第一四一条によって通商代表部（ＵＳＴＲ）に法的存立根拠を与え、各国（とくに日本）に対して貿易収支の不均衡を政治的に調整する仕組みを作った。たえず相互の経済政策を調整する政治的な仕組みである。

しかし、それは国際決済通貨のドルを持つアメリカ主導の枠組みにならざるをえなかった。アメリカの貿易赤字を緩和するために、八〇年代には日独の「機関車」論（日本とドイツが景気拡大策をとって世界経済をリードすべきだとする考え方）が展開されるとともに、八五年のプラザ合意によって政治的にドル高を修正した。さらに日米間では貿易不均衡を是正するとして、八六年には日米半導体協定が結ばれ、ダンピング防止として価格低下を食い止められ、さらに九一年には二割の外国製品の輸入割当が義務づけられた。後述するように、これを契機に、日本の先端産業は次第に国際競争力を失っていった。

金融革新と中央銀行

「金」との関係を断ち切られたことによって、通貨発行に関して中央銀行の裁量範囲が拡大したかのように見える。ところが、いったん金融自由化が始まると、金融革新によって中央銀行や金融規制当局のコントロールが及ばない決済手段や信用創造の仕組みが創り出され、そこでバブルが膨らんでいく。そしてバブルが崩壊すると、その後始末に中央銀行が乗り出さざるをえなくなり、さらに中央銀行の及ばない金融革新が生まれバブルを作り出す。そして、中央銀行本来の役割を失っていく、という経路をたどっていった。

一九八〇年代は、リスクをヘッジ(回避)する金融派生商品をはじめ、さまざまな証券化商品が生み出されていった。さらに、為替取引の自由化が急激に進み、グローバルな規模で資金移動が激しくなった。世界中を投機マネーが飛び回ってキャピタルゲイン(売買差益)狙いで資産価格をつり上げていく「カジノ資本主義」(スーザン・ストレンジ)が出現した。こうした状況を反映して、八〇年代には中南米諸国などで債務危機が発生し、先進国では不動産バブルが起きた。バブルの崩壊とともに、今度は急速に証券化が進んだ。証券化手法は、銀行の融資と違って証券を売り抜けばよいので逃げ足が速い。その結果、世界中を通貨危機が襲うようになった。九二年欧州通貨危機↓九四年メキシコのテキーラ危機↓九五年アルゼンチン危機↓九七年東アジア通貨経済危機→九八年ロシアのデフォルト危機から中南米諸国へと波及し、最後に残った「安全」な場所はアメリカだけになり、九〇年代にはITバブルが発生した。

二〇〇〇年代に入ると、一九九〇年代後半に実施されたアメリカ民主党政権下での証券と銀行の垣根を大幅に低くする金融自由化政策を背景にして、「影の銀行システム」を通じて、証券によってレバレッジを利かす手法が生み出された。「影の銀行システム」とは、FRBの監督の及ばない銀行傘下のSIV（投資ビークル）や、SEC（証券取引委員会）の監督の及ばない投資銀行傘下のヘッジファンドを指す。これらが、公開市場ではなく店頭取引で、短期の証券を発行して、住宅ローン担保証券や自動車ローン証券をリスクごとに切り分けて作った長期の証券化商品を買い、長短金利差で稼ぐのである。その結果、再び中央銀行のコントロールの及ばない金融取引が拡大して、バブルを膨らませていった。

ところが、住宅バブルが崩壊すると、リーマンショックを発生させた。後述するように、FRBは本来の銀行に対する「最後の貸し手」を超えて、監督する範囲でない投資銀行や企業のファイナンス会社（パラレル・バンキング）に銀行持ち株会社を作らせ、救済の対象とした。さらにFRBは、住宅ローン担保証券を大量に買い込んでいった。金融自由化に伴って、銀行と証券の垣根が大幅に取り除かれたため、「つながりすぎて潰せない」事態に陥った。そして、決済機構の中枢が不良債権に侵されると、それを救済するために、ゼロ金利政策に踏み切り、大量の国債を買う「非伝統的な金融緩和政策」を実行せざるをえなくなった。

中央銀行によるバブル創出へ

リーマンショックはその規模において「一〇〇年に一度」の金融危機をもたらしたと言われる。一九九〇年代初めの不動産バブルの崩壊の時は、果断に公的資金が注入されて整理信託公社(RTC)が設置され、経営責任を問いつつ不良債権を買い取ってS&L(貯蓄銀行)を中心に合併救済が行われていった。しかし、アメリカにおいても、大手金融機関が次々と破綻したリーマンショックではこうした本格的な不良債権処理は行われなかった。経営責任を問わずにずるずると公的資金が注入され、前述したように、FRBの管轄下にないにもかかわらず、投資銀行やGMAC(アメリカの金融会社のひとつ)のようなパラレル・バンキングにも銀行持ち株会社を作らせて救済融資に乗り出していった。

ゼロ金利で金利政策の余地が非常に限定されてしまうと、FRBは非伝統的な量的金融緩和政策をとるようになった。住宅バブル崩壊でベア・スターンズの経営危機に直面すると、二〇〇八年三月二七日から、TSLF(Term Securities Lending Facility)という制度が実施されていった。ＦＲＢはこの制度に基づいて、金融市場から公債だけでなく、不動産担保証券ＭＢＳ(Mortgage backed Securities)を買い取る政策を行っていった。

その規模が大きく膨らんだ。実際、リーマンショック直後の〇八年九月三日までＦＲＢの総資産は九〇五二億ドル(一ドル＝一〇五円で約九五兆円)だったが、一〇年九月八日には二兆三〇五八億ドル(約二四二兆円)になり、一四年一一月二四日に四兆五〇九四億ドル(約四七三兆円)でピークに達し、その後、横ばいになった。

このピーク時のＦＲＢ資産の内訳を見ると、財務省証券(US Treasury Securities)が二兆四六二〇億ドル(約二五八兆五〇〇〇億円)、住宅ローン担保証券(ＭＢＳ)が一兆七一八〇億ドル(約一八〇兆四〇〇〇億円)を占めている。ＦＲＢによる公債の買い入れ額が大きく膨らんだが、注目すべきは住宅ローン担保証券の購入額の大きさである。住宅ローン担保証券の購入は、住宅ローンを証券化するフレディマックやファニーメイなどの住宅金融機関(政府支援を受ける民間企業)を救済する目的があったが、中央銀行が住宅市場に介入してバブルを維持する役割を負うことになったのである。

一方、日銀は、安倍晋三政権の下で、バブル崩壊に直面しているわけではないにもかかわらず、ＥＴＦ(指数連動型上場株式投信)を積極的に買い入れる政策を拡大させていった。ＥＴＦとは、日経平均株価や東証株価指数に連動する運用成果を目指す投資信託で、日銀がＥＴＦを買えば、証券会社などがそれに見合った株式を購入するので、株価全般を引き上げる効果を持つ。中央銀行が株を買って「官製相場」を作るという異例の政策に足を踏み入れたのである。

前に述べたように、「紙幣本位制」が全面化した時に、中央銀行の主たる役割は政治から「独立性」を確保してバブルをコントロールすることになったが、リーマンショックによって状況は一変し、中央銀行自らが積極的に金融市場に介入してバブルを創り出す役割に突き進んでいるのである。

グローバリズムと情報独占

こうした金融自由化を軸としたグローバリゼーションは、情報通信技術の発達によって加速されていった。

ただし情報通信産業は、ベンチャー企業がたくさん登場し、新自由主義を体現しているように見えるが、軍事戦略の中で重要な位置を占めるがゆえに、実はすぐれて国家戦略が重要な役割を果たす分野である。戦前のパクス・ブリタニカではレーダーと無線暗号解読、パクス・アメリカーナではインターネットと人工衛星による通信傍受（デジタル暗号通信の解読）へと移ったものの、情報通信産業と情報独占が覇権国の軍事的優位を支えているからである。実際、国防総省国防高等研究計画局（DARPA《ダーパ》）がハードやソフト面での情報通信技術の研究開発を支えている。またスノーデン・ファイルが暴露したように、アングロ・サクソン五か国（アメリカ、イギリス、カナダ、オーストラリア、ニュージーランド）の「ファイブ・アイズ」の連携がこうした情報監視のシステムを支えている。

一方、民間企業レベルで見ても、グーグル、アマゾン、フェイスブック、アップルの頭文字をとったGAFAが個人情報を集積し、情報独占を担っている。もはやネグリ＝ハートのような、のどかな「帝国」論は情報通信技術の発展とその本質を見ていない。

金融の分野では、情報通信技術の発達は情報の集積・情報独占だけではなく、取引量も取引速度も加速させる役割を果たしている。しかも、前述したような中央銀行の役割の変化をもっても捉えきれない金融取引手法が新たに拡大し始めている。「フィンテック」と呼ばれる情報技術と金融の融合の動きが典型である。ビットコインは為替レートの変動で差益を儲ける「金融商品」化し、投機の対象となってしまっており、仮想通貨の漏出や取引所の破綻が生じている。破綻してもセーフティーネットはなく、損失は参加者に及ぶので、決済通貨としてはなかなか機能しない。

その一方で、一般の人が使わないサーバーを経由して暗号通貨で決済する仕組みを構築することで、特定の銀行ないし企業グループで閉じていれば、実際の取引を徴税当局は十分に捕捉できなくなってゆく。それゆえ、中央銀行の影響が及びにくい抜け穴となりうる。これは課税上の公正や公平を損ない、格差を激しく拡大させていく経路となっていくだろう。

バブル循環との関連で言えば、中央銀行や金融規制当局がコントロールできない領域として情報工学を使った先物取引があげられる。後でも述べるように、CTA(Commodity Trading Advisor)のように、商品先物だけでなく、通貨、株価指数先物など広範な金融商品に分散投資して、コンピュータで先物をはじめとする様々な金融商品の値動きの流れ(トレンド)を解析し、分散投資することで、相場の上げ下げにかかわらず、収益を狙うトレンド・フォロー(追随)型の運用手法が台頭してくる。

CTAは、企業の評価でもなく株価そのものの水準でもなく、その変動(トレンド)を追いかけて差益だけを追うファンドであり、上がる局面では誰よりも「早く買って」もうけ、下がる局面では誰よりも「早く売って」もうける高頻度トレーディング(HFQ)が特徴で、ボラティリティー(価格の変動性)をあげながら、自分は売り抜く手法だ。それが日米の株式市場を支配するようになってきており、より近視眼の動きが強まっているのである。

いまや株式市場の取引の主役は国内の投資家ではなく、外国人投資家になっている。実際、東京証券取引所(東証)のデータでは、株式の保有主体別に見ると、外国人の保有比率は約三割だが、東証一部の売買取引を見ると、二〇一八年九月では約六八%が海外投資家になっている。彼らが、日銀や年金の株式市場への介入を利用して利益を出しているのが、日本の株式市場の実態である。

極めて危険な状況である。

2 一九九七年で経済社会が変わった――「失われた三〇年」とは何か

成長から衰退へ

これまで述べてきたように、世界経済がグローバルな規模でバブル循環を生み出したが、最初に大きなバブル崩壊に直面したのが日本であった。

高度成長体質が染みついた「昭和」の時代の最後は、一九八二〜八七年に政権にあった中曽根康弘政権が、ロナルド・レーガン米政権やマーガレット・サッチャー英政権にならい臨調行革や民間活力を掲げて「新自由主義」を日本に持ち込み、世界的に進行した金融自由化政策と相まってバブル経済へと突入していった。貿易摩擦を緩和するために、八六年に出された「前川レポート」で、多額の公共事業による内需喚起を約束した。そして円高不況に対処するために、日銀は金融緩和姿勢をとった。八五年のプラザ合意と日米構造協議が重なったことがバブル経済を一層ひどくした。二つの石油ショックが起きた後の八〇年代に、多くの先進諸国がスタグフレーション(インフレ下の経済停滞)に苦しんでいた時に、いち早く立ち直った日本経済は「ジャパン・アズ・ナンバーワン」と褒めそやされた。だが、おごり高ぶっていた時に滅びは準備されていた。

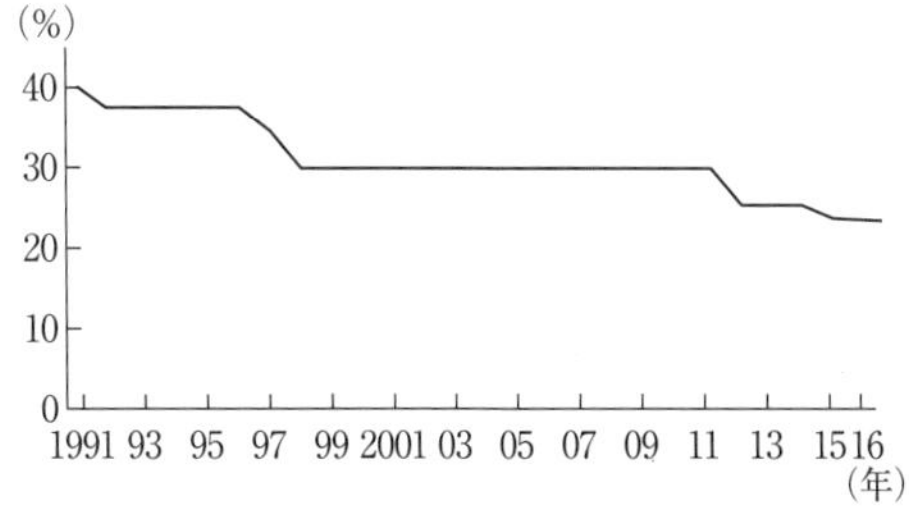

(出所)財務省「法人課税に関する基本的な資料」より作成
https://www.mof.go.jp/tax_policy/summary/corporation/c01.htm#a02

図 1-1　法人税率の推移

バブル崩壊後の不良債権処理に失敗し、日本経済は「失われた一〇年」という長期停滞に陥ってしまった。バブルが崩壊すると、巨額の不良債権が発生したが、銀行経営者も監督当局もごまかし続け、小出しに公的資金を注入して、ずるずると処理する方式をとった。繰り返し述べることになるが、本来なら不良債権の査定を厳格

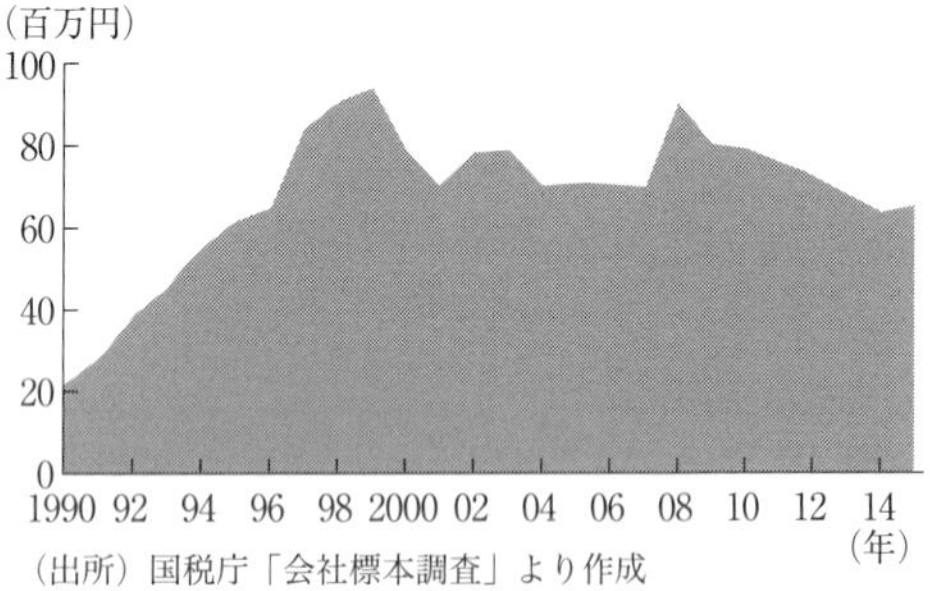

（出所）国税庁「会社標本調査」より作成

図 1-2　繰越欠損金の推移

に実施し、十分な貸倒引当金を積んで、貸付先の事業再生のためにリストラクチャリングを行うべきであった。あるいは銀行を国有化し、不良債権を切り離し、残る部分を再民営化し、不良債権をゆっくり処理する方式をとるべきであった。ところが、監督官庁の責任も経営者責任も問われず、銀行は中小企業に対して貸し渋り・貸し剝《は》がしを行ってクレジットクランチ（信用収縮）を引き起こす一方で、自らは合併を繰り返して「大きくて潰せない」状況を作り出した。その間、財政金融政策を動員して、民間債務（借金）は公的部門の債務（借金）に付け替えられていった。法人税減税や繰越欠損金の拡大措置が次々ととられた。銀行には繰延税金資産が導入された。図1-1が示すように、法人税率はバブル崩壊で金融危機が進行する時期、リーマンショック後の不況期にそれぞれ三〇%→二五・五%→二三・四%と引き下げられてきた。その後の消費税率引き上げのほとんどを食い尽くしてしまった。

図1-2が示すように、何年かにわたって損失を繰り延べして、利益から差し引くことができ

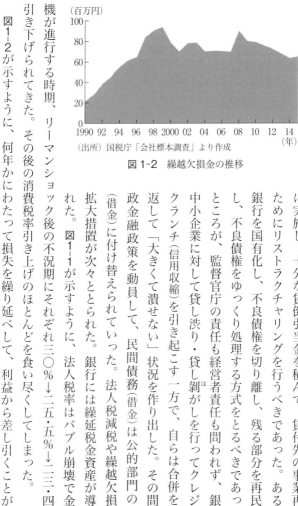

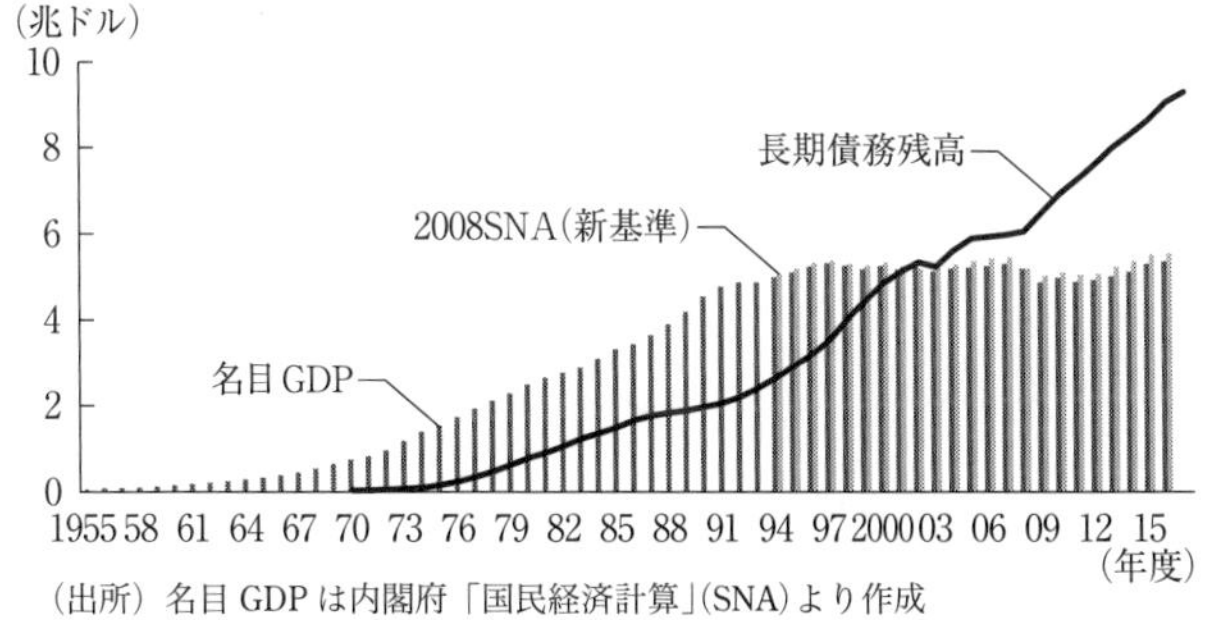

(出所) 名目GDPは内閣府「国民経済計算」(SNA)より作成
http://www5.cao.go.jp/j-j/wp/wp-je12/h10_data01.html
http://www.esri.cao.go.jp/jp/sna/data/data_list/kakuhou/files/h28/h28_kaku_top.html
http://www.esri.cao.go.jp/jp/sna/data/data_list/kakuhou/files/files_kakuhou.html
財政赤字(長期債務残高)については,
http://www.mof.go.jp/budget/fiscal_condition/basic_data/201704/index.html
http://www.mof.go.jp/budget/fiscal_condition/basic_data/201704/sy2904h.pdf
(注) 国内総生産は, 総額については, 1979年度(前年度比は1980年度)以前は「平成10年度国民経済計算(平成2年基準・68SNA)」, 1980年度から1993年度まで(前年度比は1981年度から1994年度まで)は「平成21年度国民経済計算(平成12年基準・93SNA)」, 1994年度(前年度比は1995年度)以降は「平成28年度国民経済計算(平成11年基準・2008SNA)」による. また1994〜2016年度は, 2016年に導入された2008SNA基準に基づく国内総生産も表示してある.

図1-3　名目GDPと国の借金

る繰越欠損金も制度的に拡充された。バブルが崩壊した一九九〇年代初め以降、急速に拡大し、北海道拓殖銀行や山一證券などが経営破綻した九七年以降、その規模は九〇兆円を超えた。

九七年一一月の金融危機を契機に、「失われた二〇年」が本格化した。多くの経済指標はそのことを示している。まず名目GDPと財政赤字(国の借金)の推移(図1-3)を見てみよう。

この図からわかるように、膨大な財政赤字を出して経済をもたせるようにした。バブルが崩壊した九〇年代半ば以降、国の長期債務が急膨張していることがわかる。にもかかわらず、先に見たように経済成長率は停滞していった。平成の「長期停滞」は膨大な財政赤字でようやく経済成長率をもたせているだけなのである。「失われた一〇年」は「失われた二〇年」となり、ついにアベノミクスに行き着き、「失われた三〇年」になっていくのである。

　一九九〇年代のバブル崩壊後の不良債権処理問題でも、二〇一一年の東日本大震災とともに起きた福島第一原発事故でも、経営者も監督官庁も政治家も責任をとらず、当面もたせればいいと、ひたすら財政金融政策をずるずると続けてきた。その結果、財政赤字だけが膨張を続けて経済の衰退が進行してきた。そして、今なお「失われた三〇年」は続いているのである。

　ドル建てで見た主要国のＧＤＰの年次推移（図1-4）を比較すれば、そのことは一目瞭然とな

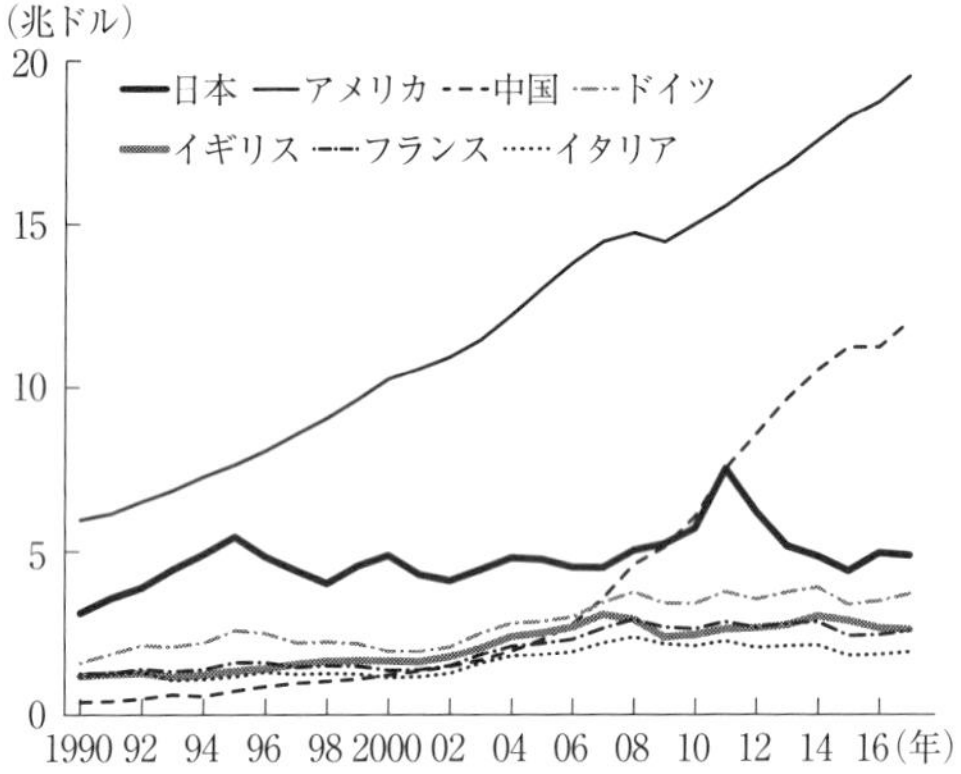

(出所) IMF「経済見通し」より作成
https://www.globalnote.jp/category/9/10/14/

図 1-4　各国 GDP の推移

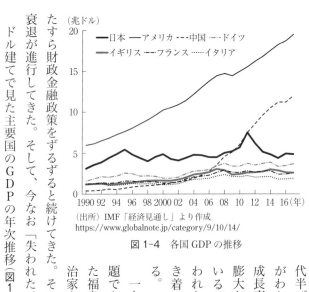

る。日本のGDPは一九九五年の五兆四五〇〇億ドルをピークにして停滞した後、リーマンショックからの回復過程で二〇一一年の七兆五二二一億ドルに達した後、その水準を下回ったまま停滞を続けている。

実際、アメリカのドル建てGDPは一九九五年で日本の一・四倍の七兆六四〇〇億ドルだったのが、二〇一七年は日本の約四倍の一九兆四八五〇億ドルに達している。中国のドル建てGDPも一九九五年で日本のわずか七分の一の七三七〇億ドルだったのが、二〇一七年には日本のおよそ二・五倍の一二兆ドルに成長している。世界経済に占める日本の地位低下は著しい。

バブル崩壊後に、銀行への資本注入一二兆円超を含めて四七兆円もの公的資金がずるずると不良債権処理に投入されたにもかかわらず、結局、経営者も監督官庁も政治家も責任をとらず、根本的な不良債権処理を避けるために財政金融政策を総動員するだけの経済無策は、当面、目先だけもたせればいいという心性を定着させた。

安倍政権の下で、その歪みが次々と表に出てきている。三菱自動車、神戸製鋼、旭化成建材、東洋ゴム工業、日産自動車、スバル、三菱マテリアル子会社、三菱電機子会社、東レ子会社、KYB、日立化成、クボタ、IHIなど、名だたる一流企業がデータ改竄に手を染めていることが露見した。もはや物作り日本の信頼性は風前の灯火である。戦後まもなく何もかも失い、常にリスクを伴いながら未来に向けて努力し経済を再建してきた心性は、バブルの頂点から奈落に突き落とされて完全に失われた。いまや日本が抱える未来へのリスクから目をそらし、自分だけ生き残れればいいと、破綻するまでずるずるとツケの先送りを続けているだけになっている。

産業の衰退

経済成長率の低迷は根が深い。安倍政権は「生産性革命」という言葉でその根本原因をごまかしている。「生産性」は賃金を支払わない残業時間を増やしても達成できるし、バブル経済で「成長」しても達成できるからである。

実際に安倍政権は、「働き方改革」と称して残業規制がほとんどないに等しい「高度プロフエッショナル」を導入する。あるいは、日銀によるETFの購入は、約二四・五兆円(二〇一九年三月一〇日)に及び、中央銀行が先頭に立って、バブルを創り出そうとしている。さらに、GPIF(年金積立金管理運用独立行政法人)や三つの共済年金などが国内株式運用比率を二五%に増やし、株買いをしている。GPIFと共済年金は、二〇一七年末で日本株の保有残高が五四兆三四五七億円、外国証券も七二兆三八五四億円である。日本郵政(ゆうちょ銀行とかんぽ生命)

と合わせて、「六頭のクジラ」が株を大量に買って株価を支えている。今の株式市場が「官製相場」と言われるゆえんだ。

では、経済成長が失われた最大の原因はどこにあるのか。第4章で詳しく扱うが、何より産業衰退が大きい。その背景には、この無責任体制が作りだした「失われた三〇年」の間に、研究投資額(R&D)が、アメリカや中国に大きく引き離され、産業の国際競争力がどんどん低下していることがある。いまやスーパーコンピュータ、半導体、液晶・液晶テレビ、太陽光電池、携帯音楽プレイヤー、スマートフォン(スマホ)、カーナビなど、かつて世界有数のシェアを誇っていた日本製品は見る影もなくなっており、リチウムイオンバッテリーでさえ主導的地位を失いつつある。かつて若者が持っていたものはソニーかパナソニックだったが、いまやアップルかサムソンだ。話題のスマートスピーカーではグーグルかアマゾンで、日本メーカーの姿は見えない。

問題の起源は、一九八六年と九一年の日米半導体協定にさかのぼる。八六年の日米半導体協定ではダンピング防止で価格低下を止められ、日本製半導体のアメリカへの輸出が食い止められた。半導体産業は学習効果が大きく価格低下が速い。そこを止められてしまうと、半導体産業は徐々に競争力を失っていく。さらに、九一年協定では追い打ちをかけるように、外国製半導体の二割という輸入割り当てを強いられた。産業のコメに当たる半導体産業の衰退とともに、九〇年代後半には、スカラー型（汎用のCPUを並列接続し、分散処理するタイプ）に転換したスーパーコンピュータでも遅れをとることになった。やがて、それはクラウドコンピューティングに対応したソフトやコンテンツを作る力の衰弱にもつながっていった。

こうして日米構造協議以降、アメリカの圧力を受け、さらに先述したバブル崩壊後の不良債権処理のもたつきとも相まって、日本は先端産業である情報通信産業において決定的に取り残されることになったのである。その結果、日本の電機産業の国際競争力も衰退していった。ところが、アメリカの要求に譲歩すれば、日本の産業利害を守れるという思考停止が今も政府（とくに経産省）を支配している。むしろ、安倍政権になってから、より一層強まっていると言ってよい。

日米半導体協定以降、政府が先端産業について本格的な産業政策をとることがタブーとなり、「規制緩和」を掲げる「市場原理主義」が採用され、すべては市場任せという「不作為の無責任（責任逃れ）」に終始するようになった。価格を通じた市場メカニズムが一定の調整機能を持つことは確かだが、市場メカニズムに任せれば、新しい産業が生まれるなどという根拠のないイデオロギー的な言説がふりまかれた。すべては市場任せで決まるというイデオロギーは、産業戦略を持てない経営者や監督官庁が責任を免れるのに極めて都合良い。実際、構造改革特区も国家戦略特区も、画期的な新しい産業を生み出したという話は聞いたことがない。それどころか、「規制緩和」は利益政治の道具となってきた。その行き着いた先が加計学園の獣医学部新設問題だったのである。こうしたプロセスをたどってＩＴ革命に乗り遅れて電機産業が国際競争力を失っていった。

つぎに、二〇一一年三月東日本大震災によって福島第一原発事故が引き起こされた。にもかかわらず、一九九〇年代の不良債権処理の時と同様に、その責任を回避することに執心して、原発の再稼働と原発輸出に突っ込んでいった。それが重電機産業の経営を困難に陥れている。東芝がその典型だが、日立のイギリスへの原発輸出も中断に追い込まれている。大手金融機関に政府保証をつけたにもかかわらず、三兆円の建設資金を調達するめどがたたない中、原発建設の中核企業の米建設大手ベクテルが撤退を決めたためである。東芝もイギリスの原発子会社の整理を決めた。もはや事業の継続は困難になり、日立は約三〇〇〇億円の損失を計上することになった。同様に、三菱重工が取り組むトルコの原発建設も当初二兆円だった建設費が二倍以上に膨らんだため、伊藤忠が撤退を決め、三菱重工も断念した。この他にもベトナム、リトアニア、台湾などで建設中止・中断が相次いでいる。安倍首相が多額の税金を使った原発セールス外交はことごとく失敗に帰し、原発という不良債権がどんどん積み上がっている。最後に残ったのは自動車産業だ。いまや貿易黒字の七割を占める。その自動車産業もドナルド・トランプ大統領による実質的なＦＴＡ(自由貿易協定)交渉のなかでターゲットとされている。しかも、日本の自動車産業は電気自動車(ＥＶ)転換が遅れ、将来的に不安を抱える状況になっている。

政府も今頃になって「ＡＩによる第四次産業革命」を言い始めたが、そもそもアメリカにはマイクロソフト、グーグル、アマゾンをはじめ、並みいるＩＴ企業が存在するが、日本のＩＴ企業の衰退は著しい。どのようにそれを根本的に立て直すかという戦略抜きに、「ＡＩによる第四次産業革命」と口先で言っても、かけ声だけに終わるだろう。

実際、大手自動車会社の自動運転の多くはアメリカで開発されている。小規模な再生可能エネルギー(再エネ)を調節する送配電のためのグリッドシステムや省エネのための建物管理などこそＩｏＴ(物と物をつなぐ情報通信技術)の「戦場」であるが、原発推進の政策立場のために決定的に遅れ始めている。まるで自ら進んで、日本の産業を衰退させようとしているかのようだ。

イノベーションが激しく起きている時代は、ＯＳ(オペレーティング・システム)が変わると、一気に製品やサービスのあり方が転換して、古い製品が駆逐されてしまうシンギュラリティ

（技術的特異点）が起こる。ウォークマンからｉＰｏｄへの転換、固定電話から携帯電話、そしてスマートフォンへの転換、原発や火力発電から再エネへの転換など、枚挙に暇がない。従来型の下請けのサプライチェーンという仕組みだけでは決定的にスピード感に欠けており、公正なルールの下に若手研究者に広く機会を与え、企業横断的・研究機関横断的なオープン・プラットフォームを形成して、遅れを取り戻す産業戦略が必要になっている。

このように金融緩和はツケを先送りするだけでなく、ゾンビ企業を救済し続けるだけで、〝麻酔漬け〟となっている間に新しい産業構造への転換を遅らせていく。さらに、もはやマイナス金利で金利が異常に低く、銀行は貸付金利息収入が大きく落ち込む状況で、リスクをとって新しい産業や技術に貸し付けることができなくなっている。やがて、つぎの金融危機が訪れた時に、異次元金融緩和はもう効かなくなるだろう。そして問題が発現した時、日本の産業衰退が深刻化していることが一気に露呈する。その時、貿易黒字が消え、外国人投資家が日本国債を持つようになり、国債の格付けが落ちただけで深刻な経済危機に陥ってしまう状況になる。

「中流」の没落と格差社会

無責任体制ゆえに、銀行の不良債権処理に失敗し、原発という不良債権処理にも失敗した日本は、前述したように、企業の防衛行動をひたすら財政金融で支えることになった。それが「失われた三〇年」を定着させた。企業は経営破綻を避けるために借金の返済に努め、政府は企業減税でこれを支援し、大手企業は損失を翌年度以降に持ち越して利益から控除できる繰延欠損金を利用して税負担を免れてきた。借金返済後もこうした政策は続けられ、企業は巨額の内部留保(利益剰余金)を積み上げてきた。安倍政権の下で、こうした傾向が加速しており、二〇一二年度末の時点ですでに約三〇四兆円だった内部留保は、一七年度末には約四四六兆円にまで積み上がっている。

一方、「失われた三〇年」は人々の暮らしを直撃してきた。北海道拓殖銀行や山一證券などが経営破綻した一九九七年一一月を頂点にして、雇用と賃金の低下が続くようになった。企業は当面の収益をあげるために、賃金を抑制し、雇用を解体していった。本格的にバブルが崩壊した九七年以降、フリーターなど非正規雇用が拡大していった。九九年一二月に「改正」労働者派遣法が施行された。労働者派遣法は二六業種の派遣労働者を保護する法律だったが、労働市場の一時的な需給調整手段に変わり、除外業務以外の業務については派遣が基本的に「自由化」された。また派遣期間を一年間に制限した。その後、二六業務に「ＩＴ関連・金融関連の営業の業務」が追加され、療養施設や老人ホームなどの社会福祉施設における医療の業務も解禁されていった。さらに、小泉「構造改革」の下で行われた二〇〇四年三月の労働者派遣法の「改正」では、二六業務に係る三年の期間制限指導は廃止され、一年間（その後三年に延長）の派遣期間制限付きで、新たに「物の製造の業務」を派遣適用対象業務とした。ラインごと請負派遣という制限がついたが、物作り現場でも派遣労働が認められた。

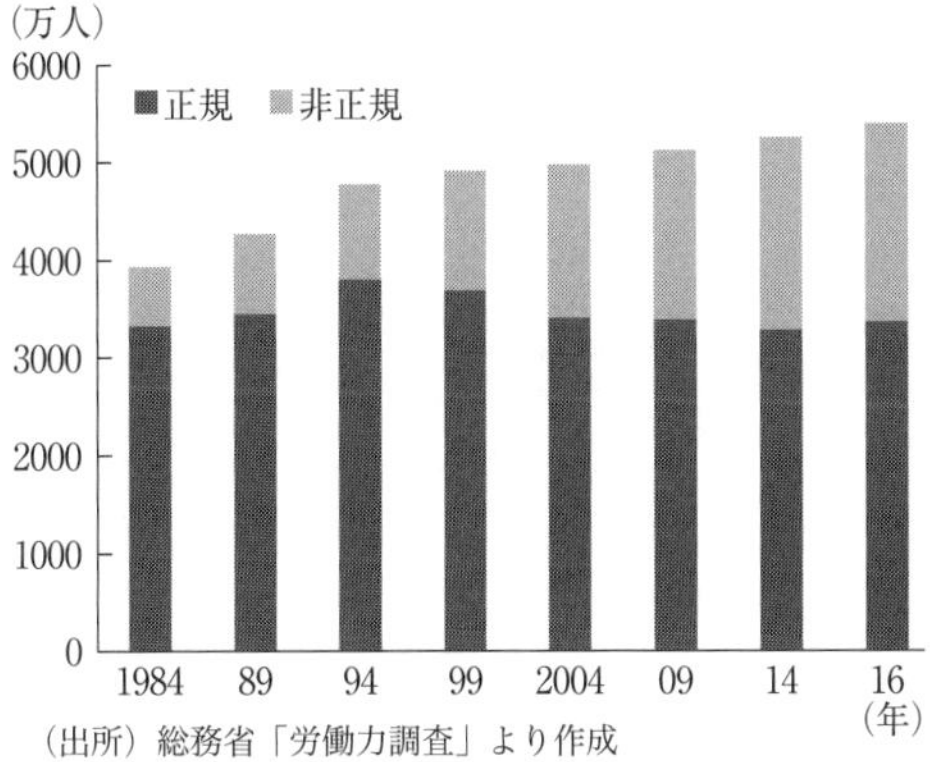

（出所）総務省「労働力調査」より作成
（注）非正規雇用には，パート・アルバイト・派遣・契約などを含む
http://www.mhlw.go.jp/file/06-Seisakujouhou-11650000-Shokugyouanteikyokuhakenyukiroudoutaisakubu/0000120286.pdf

図1-5　正規雇用と非正規雇用の推移

　こうした労働の規制緩和政策もあって、図1‐5が示すように、正規雇用は減少傾向にあるのに対して、非正規雇用（パート、アルバイト、派遣、契約など）は一貫して増加していった。そして、非正規雇用の割合は四割近くに達したのである。

　厚生労働省（厚労省）の毎月勤労統計の不適切処理問題があり、統計の信頼性が低くなっているが、政府統計を見ても、図1‐6が示すように、正規雇用者に長期雇用を保証する「終身雇用」

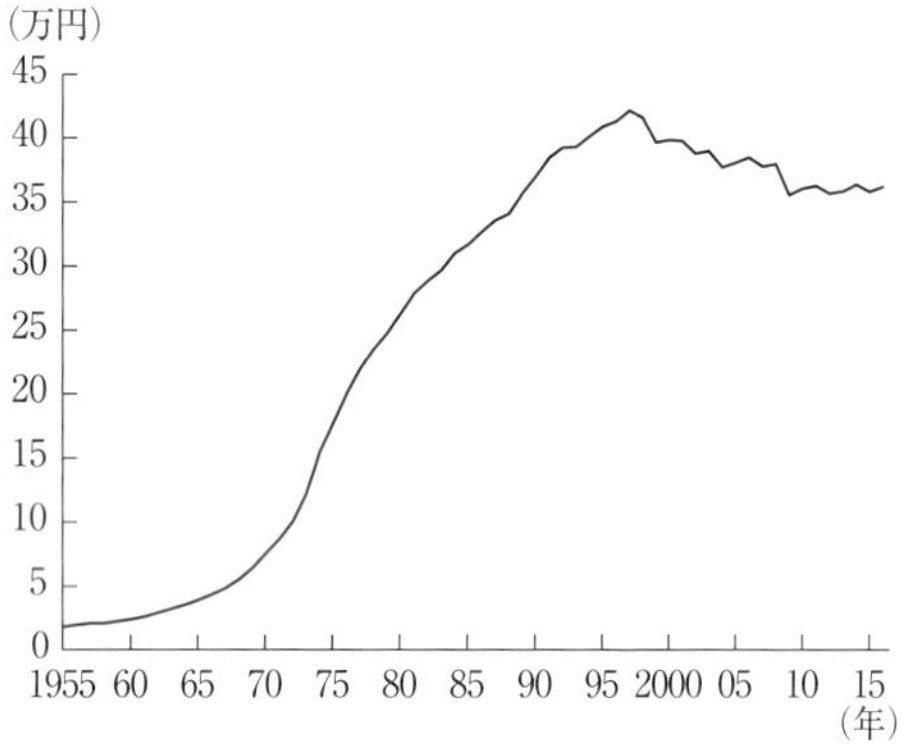

(出所) 労働政策研究・研修機構のホームページより作成．ただし，原資料は，厚労省「毎月勤労統計調査」である
http://www.jil.go.jp/kokunai/statistics/timeseries/html/g0401.html

図 1-6　平均月間現金給与総額の推移
(規模 30 人以上の事業所)

制から非正規雇用の比重を高める「雇用の流動化」が進むとともに、平均月間現金給与総額も減少が始まった。高度経済成長期はもちろんのこと、二つの石油ショックをも乗り切って労働者の平均月間現金給与総額はずっと上昇を続けてきた。それが、バブルの本格的崩壊とともに、減少に転じたのである。また実質賃金も継続的に下落を続けている。これによって、バブル崩壊に伴う不動産や株が下落する資産デフレに始まったデフレ経済が次第に定着していった。

世帯単位で見た所得も急速に落ちていった。図1-7は、世帯所得の中央値と平均所得を示したものである。この図が示すように、中央値も平均所得も一九九〇年代半ばをピークにして、下落傾向にある。所得(正確には、世帯の可処分所得を世帯人数の平方根で割った等価可処分所得)の中央値の半分を下回る相対的貧困者の割合も高まった。日本の相対的貧困率は、九七年の一四・六％から二〇一二年の一六・三％に上昇した。サンプルの変更に伴う賃金統計のかさ上げの効果の問題はあるが、安倍政権になって名目賃金が少しずつ上昇してきた。しかし、実質家計消費はマイナスが続いており、相対的貧困率が一五年には一五・六％と下がったものの依然として高い水準にとどまっている。

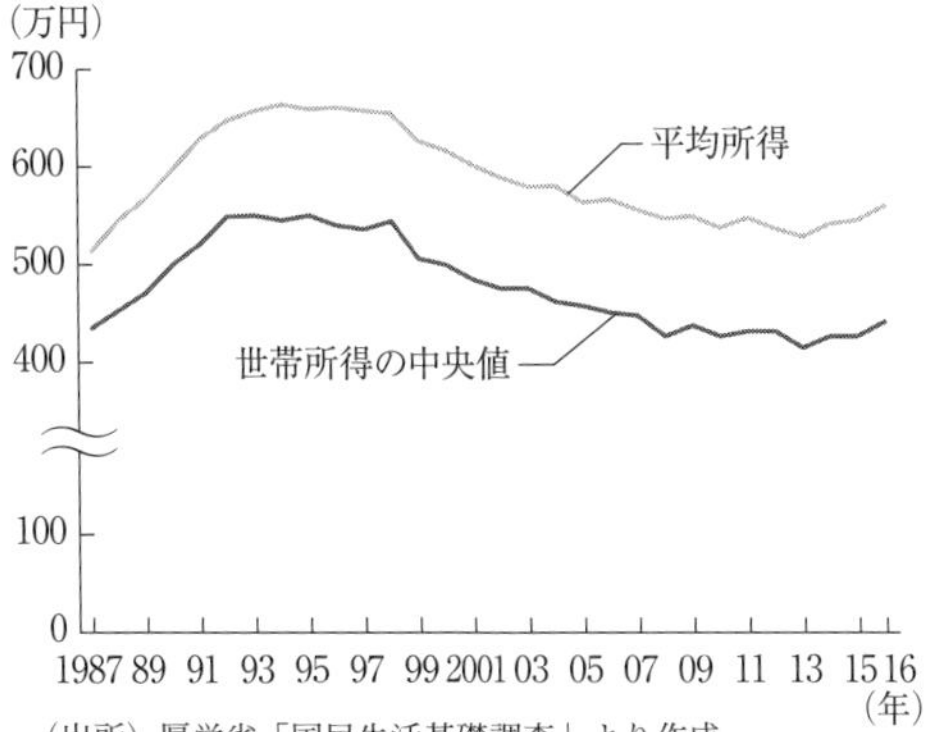

(出所) 厚労省「国民生活基礎調査」より作成

図 1-7　世帯所得の中央値と平均所得

問題は所得の中央値が継続的に下がっている中での相対的貧困だということである。納税者を中心にした国税庁の「民間給与実態統計調査」では、一七年で年収一〇〇万円以下が約四一二万人、一〇〇～二〇〇万円が約六七〇万人となっており、所得が二〇〇万円以下の人数は約一〇八六万人で全体の四九四五万人の二一・九％を占めている。もちろん、ここには主婦のパートなども含まれているが、非正規雇用の拡大を反映している。こうした状況の下で、生活保護を受けていない働く貧困層をさす「ワーキングプア」という言葉が定着した。

誰にでも開かれた教育は、社会的流動性を高める。逆に、教育機会が保証されなければ、格差は固定化していく。中間層は子どもを大学に行かせるために、子どもの教育費を捻出することに努める。しかし全般的な所得の低下は教育費を捻出できない層を産み落とした。いまや有利子の奨学金で高校、大学に進学する人たちが増え、その重い返済負担に苦しんでいる。正規雇用になれないと、若者は返済できずに貧困に陥ってしまう。

「昭和」の高度成長期における「全部雇用」社会が作り出した分厚い「中間層」が壊れ、「平成」の時代は「中間層」が没落し、格差が拡大する社会となった。一人当たり所得のランキングで見ると、日本は二五位(二〇一七年)まで落ちている。日本は、必ずしも「豊かな国」とは言えなくなった。

進む家族の「解体」

賃金下落や雇用流動化が人々を直撃すると同時に、「平成」に入って高齢化と人口減少が進行していった。前にも述べたように、社会は絶頂にある時に、滅びが始まるものである。核家族が主流になった一九八〇年代に「私生活主義」を産み落とし、それはバブル経済へと行き着いたが、実はバブルが起きた八〇年代後半から出生率の低下が始まった。つぎに、働き手である生産年齢人口（一五〜六四歳）が九七年の約八七〇〇万人をピークに減少に転じた。生産年齢人口は二〇一六年には約七七〇〇万人になり、二〇年間でおよそ一〇〇〇万人減ったことになる。さらに、一一年から人口全体が縮小する時代に入った（図1-8）。

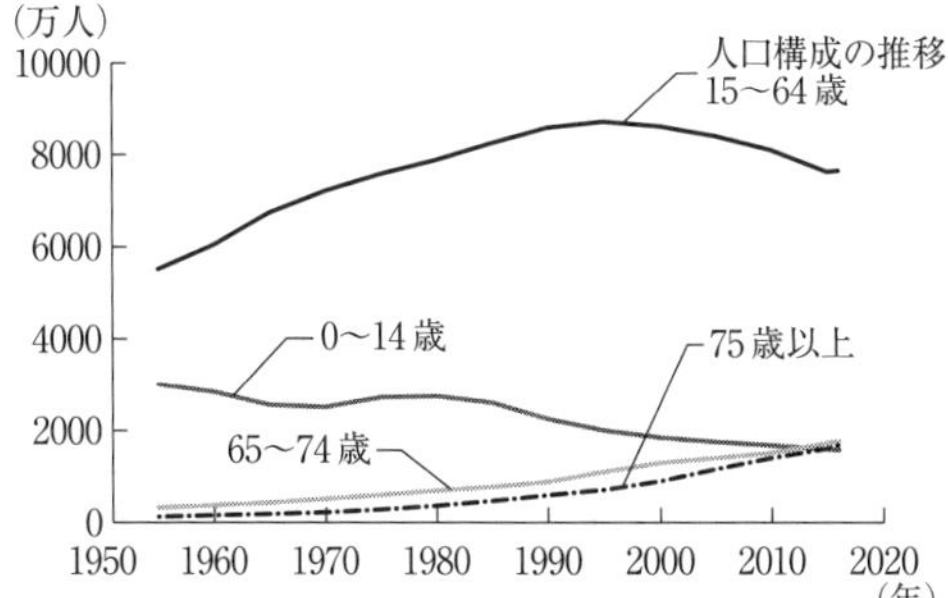

（出所）総務省「国勢調査」より作成
http://www8.cao.go.jp/kourei/whitepaper/w-2017/html/zenbun/s1_1_1.html
http://www.stat.go.jp/data/jinsui/2.htm

図1-8　人口構成の推移

二〇一八年に有効求人倍率が一・六四になり、四四年ぶりの高さを記録し、それがアベノミクスの成果であるかのように喧伝されている。人口が増え、成長していた時代には分母（求職者）が大幅に減ることなく、景気がよくなれば企業の求人数が増えて有効求人倍率が上昇するので、有効求人倍率は景気の指標のひとつとなってきた。しかし、図1-9を見ると、人口動態が有効求人倍率を左右するようになっていることがわかる。

二〇〇八年のリーマンショックまでは、景気が悪く

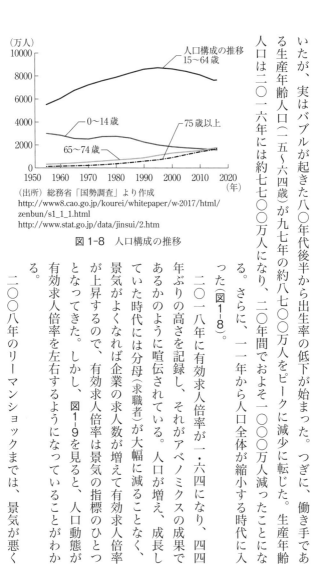

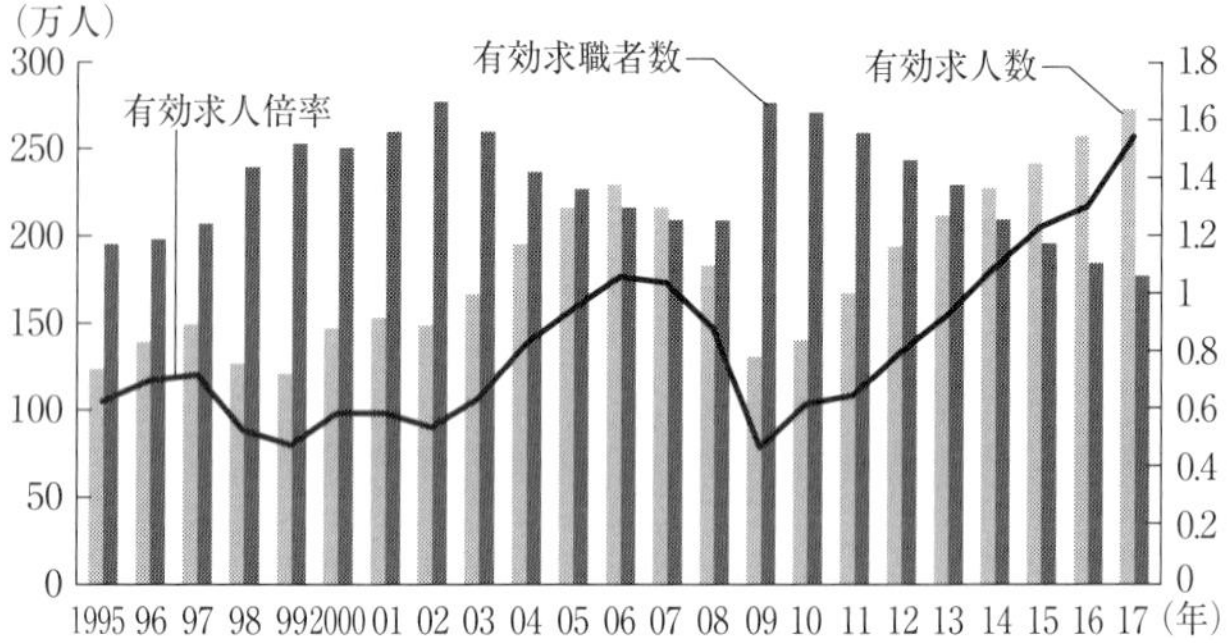

(出所) 厚生労働省「一般職業紹介状況」より作成

図1-9　有効求人倍率の推移

なると求職者が増え、景気の回復とともに求人数も伸びてきて求職者数が減ってくるという通常の動きを示している。リーマンショック直後の〇九年も同じように不況に伴って求職者数の増加が見られるが、GDPが伸びない中でも、〇九年をピークにした求職者数の著しい減少傾向が見られる。これは、戦後のベビーブーマー(団塊の世代)が一〇年頃から六五歳以上になっていき、一五年で七〇歳を超えていくことを反映していると考えられる。同時に、総務省の労働力調査を見ると、六五歳以上の就業者が一二年の五九六万人から一七年の八〇七万人に、約二〇〇万人増えている。高齢者の労働力に依存する割合が高まる傾向が続いている。

団塊の世代と呼ばれるように、塊のように人口の最も多い世代が次々リタイアするので、ポストが空き、同時に求職者数が減っていく。とくに、地方ではただでさえ少子高齢化が進んでいるのに、就職先がないので、若者が大都市に流出してしまうために、求職者数の減少が一層激しくなる。その結果、衰退している地域でも有効求人倍率が一を超えるようになった。生産年齢人口の減少が、有効求人倍率がバブル期並みに一・六倍を上回るという歪な現象を生み出している背景なのである。もはや有効求人倍率は「景気が良い」指標と言い切ることはできず、少子高齢化と地域衰退の指標でもあるのだ。

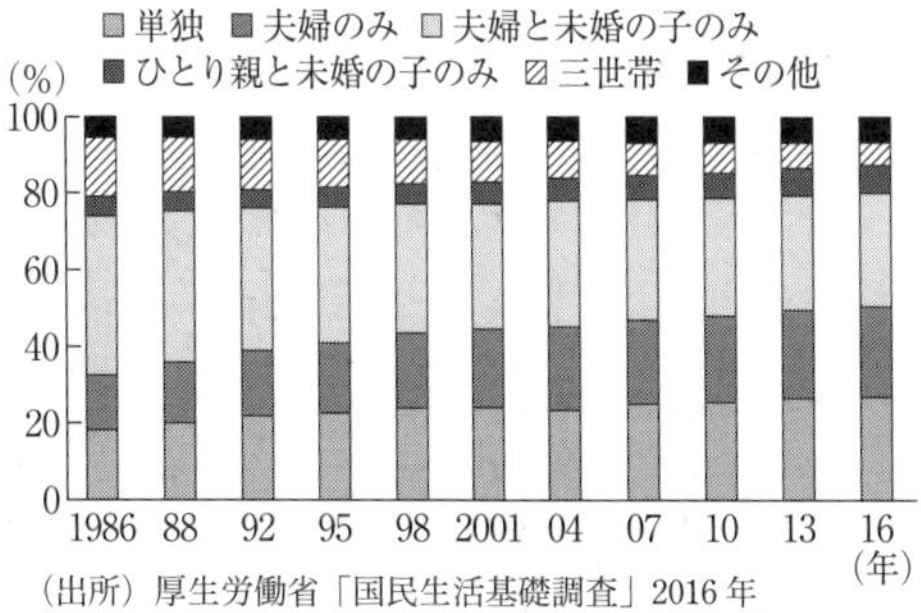

（出所）厚生労働省「国民生活基礎調査」2016 年
http://www.mhlw.go.jp/toukei/saikin/hw/k-tyosa/k-tyosa16/dl/02.pdf

図 1-10　世帯構造の変化

問題は人口数だけではない。「昭和」の時代に形成された核家族モデルも、少子高齢化と雇用流動化とともに壊れていった。「平成」の時代には家族のあり方も大きく変化していったのである。図1-10が示すように、GDPや賃金だけでなく、家族も縮小を始めた。平均世帯人員は、一九八六年の三・二二人から二〇一六年には二・四七人へ大きく減った。夫婦と未婚の子どもからできている核家族は、同じ期間に一五五二万五〇〇〇から一四七四万四〇〇〇に減少し、全世帯に占める割合は四一・四

%から二九・五%と三割を切った。

逆に、単独世帯は、六八二万六〇〇〇から一三四三万四〇〇〇へと倍増し、その割合も一八・二%から二六・九%へと増加した。夫婦のみの世帯も五四〇万一〇〇〇から一一八五万へと倍増し、その割合は一四・四%から二三・七%へと増加した。その間、高齢世帯が二三六万二〇〇〇から一三二七万一〇〇〇へと六倍もの伸びを記録している。六五歳以上がいる世帯のうち単独世帯は一二八万一〇〇〇から六五五万九〇〇〇に増えており、単独世帯のほぼ半数を占める。つまり、単独世帯は若い世代の非婚化・晩婚化とともに高齢単身者の増加によって増え続けているのである。六五歳以上がいる世帯のうち夫婦のみの世帯は一七八万二〇〇〇から七五二万六〇〇〇へと増加し、夫婦のみの世帯の三分の二を占めており、やがて単独世帯に移行する予備軍になっている。

世帯の「縮小」と多様化が進んだため、かつて「昭和」の時代にホームドラマで描かれた核家族は主流ではなくなった。家族も多様化したのである。安倍政権は「一億総活躍」をスローガンのひとつに掲げたが、総務省統計局によれば、二〇一七年七月時点の六五歳以上の高齢者人口は三五〇一万人になり、総人口に占める割合は二八%を占めるようになった。同時点での生活保護世帯数は一六四万一〇〇〇、受給者数は二一二万七〇〇〇人に達している。そのほぼ半分が高齢者だ。一人暮らしの高齢者が増え、高齢者の間でも所得格差が広がっている。一方は企業年金部分を含めて年金所得も相対的に多い大企業サラリーマンがいて、他方は無年金か少額の年金で一人暮らしで病気になっても頼る先がない人々がいる。働く人々も同じだ。総務省の労働力調査によれば、一七年七〜九月における非正規労働者は二〇五〇万人もいる。

一六年の母子世帯数も七一万二〇〇〇となっている。子どもの相対的貧困率は一三・九％で七人に一人が貧困に陥っている。『障害者白書』二〇一七年版によれば、身体障がい者は約三九二万二〇〇〇人、知的障がい者は約七四万一〇〇〇人、精神障がい者は約三九二万四〇〇〇人、障がい者は全体で約九三六万人いると推計され、そのうち雇用されているのは四九・六万人に過ぎない。このように、半分の人たちが何らかの意味で働けないか、働けても社会的に不利な立場に置かれている――それが「平成」における一億人の社会状況なのである。

ところが、日本の社会保障制度は、夫サラリーマン、妻専業主婦、子ども二人という「標準世帯」をモデルとして組み立てられている。完全に過去の残像に寄りかかって思考停止に陥っている。いわんや自民党の「日本型福祉社会」論がモデルとする三世帯同居は一貫して減り続けて、完全な少数派となっている。もはや、こうした「日本型福祉社会論」は社会保障制度を破壊する効果しか持たない。たとえば、およそ五〇〇万人の認知症がいると言われているが、単独世帯も増えており、現金給付や家族の助け合いだけでは明らかに限界がある。要するに、発想が完全に時代遅れになったのである。そこに、人々の将来不安の根本原因のひとつがある。

もちろん、問題は地域ごとに異なっている。少子高齢化は農山村地域ほどひどく、地域崩壊が徐々に進んでいる。円高が進むたびに、工場や事業所がアジアを中心にした海外へ移転していった。基盤産業となる農業の衰退も進んだ。農林水産省の「農林業センサス2015」によれば、この一〇年間で農林業の経営体は三分の一も減少し、いまや担い手の半数以上が六五歳以上になっている。自民党政権は、こうした状況の下でも地域を壊す政策をとってきた。第3章で述べるように、とりわけ小泉「構造改革」の下で、地方交付税を大幅に削り、診療報酬を継続的に引き下げたり臨床研修医制度の「自由化」で医師偏在問題を引き起こしたりしたことで地域医療の中核となる公立病院が経営困難に陥るケースが数多く出た。その一方で、日欧EPA(経済連携協定)やTPP11(環太平洋経済連携協定)が進められ、農業の一層の衰退がもたらされようとしている。地域の荒廃も「平成」のもたらした結果なのである。

3 「失われた三〇年」の深層

戦後自民党政治の行き詰まり

一九九七年のバブルの本格的な崩壊とともに、日本の経済と社会が衰退過程に入ったことを見てきた。経営責任や監督責任を曖昧にし、粉飾会計を放置して不良債権処理にもたついているうちに、かつて高度成長を担った重化学工業は衰退し、情報通信産業やバイオ医薬産業や自然エネルギーなど先端産業分野では取り残されていった。その結果、巨額の財政赤字を出してもGDP成長率を維持するのが精一杯になり、雇用が流動化し賃金も家計消費も持続的に低下し続け、核家族も分解して「中流」「中間層」は解体し格差が拡大していった。そして地域間格差が拡大し、大都市への集中と衰退する地域という対照がくっきりしてきた。かくして平成は「失われた三〇年」となったのである。

原因は根が深い。ある意味で、戦後のあり方が完全に行き詰まったからである。戦後、アメリカによって戦争責任を免罪されて成立した自民党政治は、アメリカの援助と市場開放の下で、高度成長を実現してきた。

しかし、ベトナム戦争もあってアメリカが貯金を食い尽くし、財政赤字と貿易赤字の「双子の赤字」に陥った。その結果、ニクソン大統領が新経済政策を打ち出し、ドルと金の関係が断ち切られ、石油ショックとともに変動相場制へ移行した。さらに、一九七四年通商法第一四一条によって法的裏付けを得た通商代表部が、八〇年代の日米貿易摩擦で前面に出てくるようになった。そこから、まさにバブルで絶頂にある時に、アメリカから恩恵を受ける関係からアメリカに譲っていく関係に変化したのである。

前述したように、一九八六年と九一年の日米半導体協定を契機にして、日本は自動車を除いて先端産業を放棄していくことになった。それでも当時のアメリカは、表向きは自由貿易主義を掲げていたが、トランプ大統領が登場し、「米国第一主義」を掲げ、公然と保護主義的立場をとるようになった。アメリカに譲るだけだと、どこまでも譲らなければならない時代に入った。不良債権処理にもたついていた日本は、衰退がより一層加速する悪循環に陥ってしまったのである。こうした状況をごまかすために、マクロ政策もミクロの「構造改革」も今までにない規模でフル動員するようになった。それがアベノミクスなのである。

無責任体制の正統化

アベノミクスは一九九〇年代のバブル崩壊と不良債権処理に始まる政策的失敗のたどり着いた先である。言い換えるなら、官民のリーダーたちの経営責任と監督責任が曖昧にされた結果である。それが戦後の「無責任の体系」の帰結であるとすれば、問われなければいけないのは、戦後のあり方そのものである。集団に過剰同調圧力が加わり、意思決定が曖昧化され、トップの責任がとれなくなるという問題は、戦後の社会形成のあり方にも帰因するからである。だが、戦後の「無責任の体系」の根は深い。

戦後高度成長とともに、多くの人々の人生はひとつの企業や団体に閉じ込められていった。戦後は、戦前におけるホワイトカラーとブルーカラーの間にあった「身分制」を解消し、同じ会社内では同じ「社員」として扱う「平等主義」のエネルギーを取り込んで「会社主義」が形成されてきた。企業横断的な労働組合と労働規制はとうとう形成されなかったし、年金制度も健康保険制度も職業別に分断されたままであった。しかし、若い世代や女性を中心に非正規雇用が大きく拡大したことで、こうした「平等主義」の基盤は失われてしまった。職業別に分断された年金制度や健康保険制度は、いまや非正規雇用を生み出す誘因となっている。非正規雇用の場合は賃金を抑制できるだけでなく、年金や健康保険の企業拠出金を節約できるからである。

さらに、バブル崩壊以降、大企業でも潰れたり合併吸収されたりするのが当たり前になった。リストラの年齢も落ちてきた。そうなると、いまや残る正規雇用の「社員」も、新卒一括採用されてからずっと同じ会社に勤めるには、企業内で過剰に同調し忠誠を誓わないと、昇進も昇給もなく社会保障給付も不利になってしまう。階層的落下の圧力は、黙従を強いていくことになる。一方で、トップが経営責任を問われないように逃げ切るのが当たり前になってきたが、内部からそれを問題にする仕組みは存在していない。無責任な経営者が指名する後継の経営者も社外取締役も、決して前任の経営者を告発するようなことはない。こうして日本社会は基底から自浄作用を失ってきた。貯金の食い潰しが始まった。それが「失われた三〇年」となって現れたのである。

戦争責任を曖昧にしていった過程で、こうした「無責任体制」はイデオロギー的に補強されてきた。それは、前述した新自由主義のイデオロギーに加えて、安倍晋三政権の誕生とともに公然たる「歴史修正主義」となってますます強まっていった。

修正するのは歴史的事実だけではない。いまや官庁が公然と政権に都合のよいように公文書や政府統計を改竄するようになっている。森友学園への国有地売却の大幅値引き問題や加計学園の獣医学部新設問題において、安倍昭恵夫人や加計孝太郎加計学園理事長をはじめ重要人物の国会証人喚問は拒否され、ついに財務省は公文書を改竄し、国土交通省(国交省)は写真データをごまかした疑いが出ている。加計学園の獣医学部新設問題では、文部科学省(文科省)が文書を隠し、内閣府の国家戦略特区ワーキンググループが議事録を改竄した。厚労省は「働き方改革」法案の基礎となる裁量労働制に関する調査データを恣意的に作り、賃金統計では二〇一八年一月にサンプリングを一部変更して賃金上昇率が上がったように見せかけ、毎月勤労統計も不適切処理を行っていたことが露呈した。GDP算定基準の改訂に関しても水増し疑惑が出ている。法務省は失踪した外国人労働者の調査では誤ったデータを国会に提出した。これではいくらひどい腐敗や政策の失敗が生じても、公文書や政府統計を改竄してしまえば、責任を問われないですんでしまう。そして、それが新たな誤りを生んでいく。まるで大本営発表と同じである。

官庁だけではない。かつて生真面目さで物作りを支えてきた民間企業でも、東芝の不正会計が露呈して経営危機に陥り、三菱自動車、旭化成建材、東洋ゴム工業、神戸製鋼、日産自動車、スバル、三菱マテリアルの子会社二社、三菱アルミ、三菱電機子会社、東レ子会社、KYB、クボタ、IHIなどで検査データなどの改竄が次々と起きている。官も民も改竄が当たり前の社会になった。

政治家は不正疑惑があっても、誰も罰せられなくなった。森友問題や加計問題だけではない。甘利明は大臣室で現金を授受して経済再生担当大臣を辞任したが、不起訴。小渕優子は地元後援会の政治資金規正法違反で経済産業大臣を辞任したが、ドリルでハードディスクを破壊して不起訴となった。その後、政治資金規正法や公職選挙法違反が疑われる数多くの閣僚が次々と出ても、謝罪ですむようになった。戦後七〇年を過ぎて、戦後日本の「与えられた民主主義」の底の浅さが露呈してきている。

「記憶」が「記録」になると、「記録」の改竄が起きやすくなる。戦争の「記憶」を持つ世代がだんだん少なくなると、都合の悪い真実は隠され、公然と歴史が修正されていく。同じように、いくら不正疑惑が起きても、権力者に都合の悪い文書を隠したり改竄したりし、そして、国会では当事者たちが「記憶にない」を繰り返せば許されるようになったのである。もちろん、公正なルールが欠如した下では、正義も言論も成り立たないだけではない。産業も社会も新陳代謝が起きなくなり、次々と時代から取り残されていくことになる。「平成」という時代を経て、いまや戦後を一からやり直さなければならない地点に立たされているのである。

では、日本がこうして「失われた三〇年」に陥っている間に、世界、とりわけ先進国では政策の考え方や政治構造においてどのような変化が起きていたのだろうか。それに対して、日本の政治や政策はどのように対応してきたのか、あるいは対応できなかったのか。第2章と第3章で詳しく見てみよう。

第2章

グローバリズムから極右ポピュリズムへ

1　グローバリズムと「第三の道」――一九九〇年代の錯綜

グローバリズムの始まり

この三〇年間で、経済政策の背後にある政策イデオロギーと政治構造はめまぐるしく変わった。一九九〇年代初めに世界中で不動産バブルが崩壊したと同時に、旧ソ連邦と東欧諸国で「社会主義」体制が崩壊した。それを契機にして、バブルが崩壊したにもかかわらず、「新自由主義」イデオロギーに基づくグローバリズムが世界中で吹き荒れた。しかし、それはリーマンショックに行き着き、今度は極右ナショナリズムとポピュリズムを産み落としている。

アメリカのトランプ大統領は公然と移民排斥を掲げ、自らに批判的なメディアを「フェイクニュース」と非難し、戦後アメリカが掲げてきた自由貿易の旗を降ろしてGDP世界二位の中国に対して「貿易戦争」を仕掛けている。いまや第二次世界大戦後の国際的枠組みは傷つき、民主主義や人権も脅かされようとしている。かつて「新自由主義」イデオロギーに基づく「グローバリゼーション」の動きに対して筆者は「反グローバリズム」(拙著『反グローバリズム』岩波書店、一九九九年)という批判を投げかけてきたが、いまや「グローバリゼーション」を礼賛し続けてきた人々は沈黙を決め込んでいる。そして、この劣化した政治が世界を闊歩するのにも正面切った批判をしない。

「グローバリゼーション」に関する定義や議論はさまざまあるが、それは情報通信技術と結びついた金融自由化を軸に展開されたものであると筆者は考える。まず直接の契機となったのは、OPEC(石油輸出国機構)の二度にわたる石油価格上昇がもたらした石油ショックで、ドルの偏在問題が起き、国際流動性不足が顕在化したことである。この状況に対して、一九七九年にサッチャーが為替管理を撤廃して以降、外貨で自由に取引できるオフショアのユーロ市場が拡大していった。さらに、サッチャーは、八六年に金融ビッグバンを実行した。株式市場における売買手数料の自由化や株式取引税の引き下げを行い、取引所会員権を外資系銀行資本にも開放し、株式売買にコンピュータを導入していった。

世界中でこうした金融自由化が行われると、ドルが再びアメリカに還流するようになった。アメリカは、再び「通貨発行特権」を享受できるようになり、経常収支が赤字でも自国通貨ドルで決済できるようになった。アメリカの対外純債務残高はどんどん積み上がっていった(図2-1)。

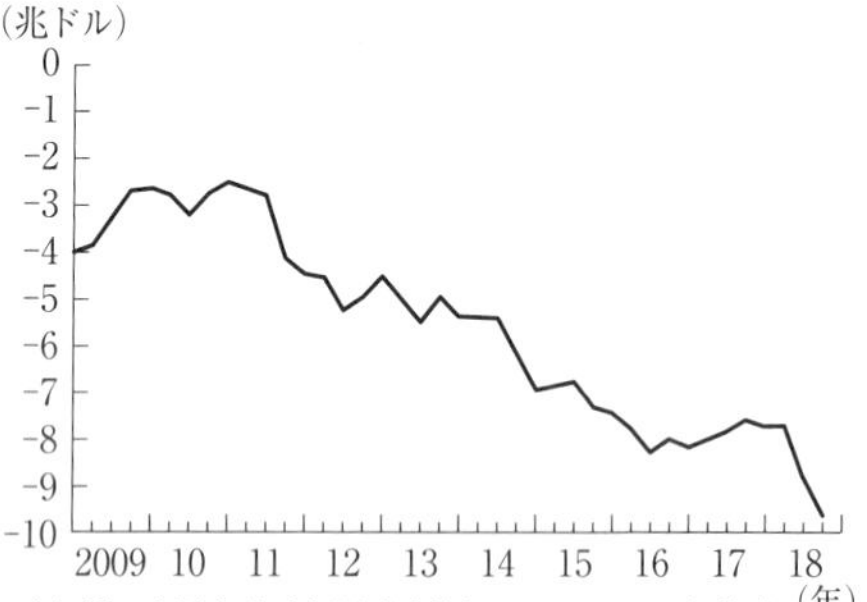

(出所)米国商務省経済分析局webサイトより作成

図2-1　アメリカの対外債務残高の推移

今度は逆に、ドルの垂れ流しによる過剰ドル問題が顕在化していった。石油ショック以降における先進諸国の経済成長率の長期低下傾向から、実体経済以上に金融が肥大化していった。資金移動がより自由になったために、過剰ドルが世界を駆けめぐり、投機的に流出入しては、投機の対象となった国々を金融危機に陥れていった。

第1章で書いたように、資本主義は変質して、景気循環はバブルとバブル破綻を繰り返す「バブル循環」となった。まず一九八〇年代後半に、世界中で不動産バブルを引き起こした。中でも、日本の土地バブルは深刻であった。次は、九〇年代後半のITバブル、ナスダックバブルという株バブルになった。そして、二〇〇〇年代半ばには住宅バブルが起きた。交替で不動産と株のバブルが起きるようになったのである。だが、政府を含めて精緻なはずのマクロ経済モデルは、一〇年周期で起きる金融危機を予測できなかった。経済学の「常識」に縛られれば縛られるほど、経済政策は「想定外」の連続になっていった。

金融革新とグローバリゼーション

バブルが崩壊すると、金融機関に大量の不良債権が発生し、金融危機が引き起こされる。そして、政府と中央銀行が金融機関の救済に乗りだす。それが落ち着くにしたがって、金融自由化の下で再び金融革新で新しい手法が作られ、そこに大量の投機資金が流入して、またバブルが作り出される。こうしてバブル循環が繰り返されていった。

先述したように、ユーロ市場の形成をはじめとする金融自由化は、一九八〇年代後半に、先進諸国で不動産バブルを作り出した。同時に、中南米諸国への貸し付けが急速に増加した。レーガン大統領の経済再建税制で大幅減税が実施され、その結果、アメリカの財政赤字が拡大したが、ポール・ボルカーFRB議長(当時)が堅実な金融政策運営をとったことで、ドル高高金利となった。それがドル建て債務を膨張させて、ブラジル、アルゼンチンなどを債務危機に陥れていった。IMF(国際通貨基金)がしばしば介入して、債務返済のリスケジュールからついには債権放棄が行われるまでになった。

一九九〇年代は、アメリカの金融機関が国内外の不良債権を抱えて行き詰まり、その過程で新たに証券化手法が進んでいった。国内の不動産バブルの崩壊では、不良債権を買い取る整理信託公社（RTC）ができ、公的資金が注入された。そして、中小の貯蓄銀行（S&L）や州法銀行が経営破綻し合併が繰り返された。銀行の不良債権処理が進む中、金利の低下が進んだことが、人々の証券投資（投資信託を含む）を進める背景のひとつとなった。他方で、中南米の累積債務問題は、商業銀行の貸付業務に打撃を与えた。その点からも資金運用で、より逃げ足の早い証券化が進んだ。

こうした動きの中で、投機マネーは世界中を駆け巡り、一九九〇年代には度重なる国際通貨・金融危機が引き起こされていった。前章でも述べたように、九二年欧州通貨危機→九四年メキシコのテキーラ危機→九五年アルゼンチン危機→九七年東アジア通貨経済危機→九八年ロシアのデフォルト危機から中南米諸国への波及といった具合である。SEC（証券取引委員会）の監督が及ばないヘッジファンド（一〇〇人未満の投資家からなる）が「活躍」した時代でもあった。激しい為替変動によって、欧州諸国は通貨統合に向けて進む一方、他に代替的な基軸通貨の存在しない世界では、各国は為替市場介入のためのドルを外貨準備として保有せざるをえず、皮肉にも、ますます「ドル本位制」とならざるをえなかった。

この時期、「新自由主義」に基づくグローバリズムが世界を席巻した背景には、IMF・米国財務省・ウォールストリートからなる「ワシントンコンセンサス」があった。IMFや世界銀行が発展途上国において「構造調整政策」の実施を「強制」した。資金の貸し付けの条件として、発展途上国でも国有企業の民営化や規制緩和が繰り返された。タイのバーツ暴落に始まる九七年東アジア通貨経済危機のように、アジア各国が経済困難に陥った時にも、この条件付き融資が行われ、アジア諸国の経済を、一層、困難に陥れていった。

こうして地球を一周した投機マネーは、最後に残った「安全」なアメリカ自身に向かった。IT(ナスダック)バブルである。IT(情報通信技術)の発達によって過剰在庫は縮減されて生産性革命が起き、景気循環もなくなってインフレなき経済成長が続くという「ニューエコノミー論」が展開された。しかし、そのITバブルも崩壊した。

一九九〇年代後半に、ビル・クリントン政権のロバート・ルービン財務長官の下、金利規制が外され、銀行と証券の業際規制(グラス・スティーガル法の規制)が一部外された。二〇〇〇年代に入って、銀行も証券会社(投資銀行)も互いに子会社を作れば、相互の分野に乗り入れられるようになった。そこから、第1章で述べたように、FRB(連邦準備制度)もSECも監督が及ばないところで「影の銀行システム」が形成されていった。銀行は傘下にSIV(投資ビークル)を作り、証券会社は傘下にヘッジファンドを作り、そこで金融工学に基づいて住宅ローン担保証券などをリスクごとに組み合わせた証券化商品を店頭取引で扱った。こうして貧困者向けのサブプライムローンが含まれても、損失はカバーされるという神話が流され、住宅バブルが膨らんでいった。

それまで、グリーンスパンFRB議長(当時)は、バブルが昂進してくると、小刻みに政策金利を引き上げてバブルを抑えにかかり、バブルが崩壊すると、急速に繰り返し利下げを行い、資産価格の下落を食い止めた。このようにして「グリーンスパン神話」が作られ、バブルをコントロールできるという楽観論が支配し始めていた。しかし、二〇〇八年九月の住宅バブルの崩壊は、ベア・スターンズ、リーマン・ブラザーズなどの投資銀行だけでなく、AIGなど大手保険会社、GMACのような自動車会社のファイナンスカンパニーなどにも及んだ。まさにグリーンスパンが「一〇〇年に一度」と呼んだ世界的金融危機をもたらしたのである。

「第三の道」

物事の進展は単線的ではない。米民主党、イギリス労働党、ドイツ社民党といった従来は社会民主主義的政策を掲げてきた政党が、一九九〇年代には「グローバリゼーション」を担うことになった。その政策の評価はやや複雑である。

実際、「社会主義」体制の崩壊は「新自由主義」イデオロギーを世界に広げる大きな契機となったことは確かだが、金融自由化を本格的に推進したのは、前述したように、九〇年代にできた民主党のビル・クリントン政権であった。九〇年代には、アメリカのクリントン政権、イギリスのトニー・ブレア政権、ドイツのゲアハルト・シュレーダー政権といった「第三の道」を掲げる「中道」政権が先進諸国で次々と成立した。社会民主主義ないしリベラル政党は、一方で「グローバリゼーション」を受容して市場的な「効率性」を入れながら、「社会的包摂」(social inclusion)あるいは「社会統合」(social integration)という概念を軸にして、格差を是正していこうとする政策をとった。その限りにおいて、「第三の道」は「新自由主義」の行き過ぎを補整していこうとするものであった。

クリントノミクスと呼ばれた経済政策も、一九八〇年代のレーガンやサッチャー流の「新自由主義」とは少し違っていた。

まず第一に、国が主導して技術開発の促進と産業の革新をもたらそうとした。それまで米民主党は自動車・鉄鋼など重化学工業の労働者を中心としたニューディール連合を基盤としていたが、共和党が議会多数派になった状況で、クリントン政権はアル・ゴア副大統領を軸に「情報スーパーハイウェイ構想」を立てて先端産業であったＩＴ(情報通信)産業を取り入れ、ウォール街からゴールドマンサックス共同会長だったルービンを財務長官に迎え入れて金融自由化へと舵を切った。相手の支持基盤に食い込む戦略をとったのである。そして結果としては、ITと結びついた金融資本主義が、世界を巡る投機マネーの速度を限りなく速めていったのである。

第二に、財政赤字の削減を目指したが、それは国防費の削減、所得税税率の引き上げなど増税政策によって達成しようとした。また九六年には最低賃金を引き上げる政策をとった。グローバリゼーションを受け入れながら、できるだけ格差の拡大を防ごうとしたのである。もちろん、それが成功したわけではない。

北米自由貿易協定(NAFTA)はジョージ・ブッシュ父政権の下で交渉が始まったとはいえ、クリントン大統領が署名してできた。さらにクリントン政権下で行われたIT化と金融自由化を軸とするグローバリズムは、国内産業を空洞化させ、白人貧困層を作り出し、貧富の格差を大きくしていった。リーマンショックで、金融業にのめり込んでいったGM(ゼネラルモーターズ)の倒産はその象徴的事件であった。それゆえ二〇一六年大統領選では、民主党内部において、ヒラリー・クリントン候補はウォール街から多額の献金を受け取り、彼らの利害代弁者と見なされ、「民主社会主義者」を自称するバーニー・サンダース候補が彼女に対抗し、民主党内部における支持基盤の「分断」をもたらした。

「グローバリゼーション」を受容しつつ、できるだけ格差の拡大を防ごうとする政策を「第三の道」だと定義するなら、その元祖はイギリスの社会学者アンソニー・ギデンズの著作『第三の道（*The Third Way*）』であろう。一九九七年に政権についたブレア政権はこの「第三の道」路線をとり、労働党綱領から「国有化」を削除し、〝ニュー・レイバー〟と呼ばれた。

ブレア政権は福祉・教育予算を拡充した。政策理念として打ち出されたのは、貧困層や移民労働者などの「社会統合」であった。福祉給付より就労を重視する政策（welfare to work）への転換が典型的であろう。九九年に最低賃金法を導入する一方で、給付付き税額控除を設け、児童税額控除と合わせて、貧困世帯の就労を支援しながら格差を是正しようとした。またブレア政権は地方分権改革を進めたが、地方政府はもはやサービス供給者でなく、コーディネーターと位置づけられた。公共サービスでのＰＰＰ（Public-Private Partnership）による官民連携がその典型である。

イギリス経済はＩＴバブルの崩壊で二〇〇〇年代初めに株価は落ちたが、住宅価格は上昇傾向を続けた。バブルの恩恵で経済成長を続けた間は、ブレア政権はよかった。しかし、ＩＴバブルがはじけ、アメリカのブッシュ政権が証拠もないままイラク戦争に突入すると、アメリカとの協調路線を優先してきたブレア政権も、イラク戦争に参戦していった。もちろん、それが決定的な誤りであったことは言うまでもない。

北欧福祉国家の変化

一九九〇年代の北欧福祉国家も大きく「第三の道」とくくられることがある。高福祉高負担による普遍主義的給付という八〇年代の北欧福祉国家のイメージは今なお根強いが、九〇年代にはいくつかの大きな変化があった。北欧諸国もそれぞれに個性を持つことは言うまでもないが、グローバルな金融資本主義に適合するように、八〇年代に金融分野の規制緩和が行われてバブルを招来し、所得税も総合課税主義から金融所得を分離する二元的所得税へと変わった。労働分野でも、雇用創出のために積極的労働政策がとられ、職業訓練を行う一方で、非正規雇用も増えた。しかし、いくつかの点で特異な点がある。

第一に、九〇年代初めにバブル崩壊で金融危機に直面したスウェーデンやフィンランドなどでは、銀行を国有化して巨額の公的資金が注入され、不良債権を一気に処理してから再民営化した。大胆かつ果断な不良債権処理が行われた。その結果、経済はV字回復するが、巨額の財政赤字を抱えることになった。同時に、EUに加盟するために、財政赤字をGDPの三%に抑えなければいけないという制約を課された。そのために、不況になっても、マクロ経済政策で財政赤字を拡大することができなくなった。財政赤字の削減が政策目標となり、そのために社会保障や福祉給付の一定の削減が実施されたとはいえ、日本を含め、多くの国が不良債権処理に失敗したのとは対照的であった。

第二は、明確な先端産業化をめざす産業戦略を立て、イノベーションに対する研究開発投資と教育投資を増加させた。その後に続くクリントン政権の産業戦略やブレア政権の教育支出増加と似た面を持つが、新産業による雇用の創出が明確な目標とされていること、教育投資の増加は機会の均等を保証する面があるが、それだけではなく、北欧諸国では知識産業への移行が強く意識されていた。

実際、スマートフォン(スマホ)で経営が困難に陥ったが、フィンランドにはノキアができ、スウェーデンにもエリクソンなどIT産業が生まれ、デンマークには世界的な風力発電メーカーのヴェスタス社ができ、ノルウェーでは、資金難で何度か破綻しているが、電気自動車メーカーのシンク社などが生まれ、それぞれの国で先端産業育成の取り組みが行われている。

一九八〇年代までの社会民主主義では、ある程度成長があるので、もっぱら政労使の交渉を通して、所得の再分配を獲得するか、賃金を抑制するなら社会保障を増額することが追求された。「成長か再分配か」という論争の枠組みの中で、保守政党と社会民主主義政党の間で政権交代が繰り返された。今でも日本の左派やリベラル派は、日本の経済衰退をいかに食い止めるかという問題意識が希薄なために、八〇年代の高福祉高負担の北欧福祉国家を念頭に、所得の再分配が経済政策の中心をなしている。「増税して再分配する」という見解に対して、それでは選挙に勝てないと、左派的リフレ論者のように、日銀の財政ファイナンスで福祉を行うという無責任な意見も出ている。これでは出口はない。そこでは、原発や事故・災害が露呈させた日本の弱点や産業構造の遅れ、どんどん競争力が落ちている実態が全く無視されている。もちろん税収確保と所得再分配政策が大事なことは言うまでもないが、雇用創出のために新しい産業の創出と教育研究投資が産業構造の大転換期には不可欠である。

ここで重要なのは、雇用創出と言っても、ケインズ派のようなマクロ経済政策ではなく、国が産業戦略を立て、新産業への投資や技術開発を国が支援していく政策をとっていることである。主流派経済学では、こうした政策は非効率で失敗するとされ、もっぱら規制緩和と市場任せが正しいとされている。しかし、これはイノベーションが起こる産業構造の転換期には全くの間違いである。現実を見れば、ＩＴや再エネなど、新しい産業は、採算がとれない多額の初期投資を国が資金支援したり、技術開発とくに基盤技術を国が支援したりすることが必須である。ちなみに、市場原理主義の国と言われるアメリカでも、コンピュータ、半導体、ＩＴに関して国防総省の国防高等研究計画局（DARPA）や通商代表部（USTR）が重要な役割を果たしている。

日本でも高度成長期が始まる前はそうであった。五〇年代にドッジ・ラインで財政を引き締め、シャウプ勧告で税制改革を行った上で、傾斜生産方式で、重化学工業を伸ばした。当時の主流派は中山素平をはじめとして、比較優位の理論から織物工業で再建していくべきだと主張したが、戦争を耐え抜いた有沢広巳や大内兵衛などの労農派マルクス経済学者の主張が通った。重化学工業は投資額が大きく、市場任せでは後発国はいつまでたっても追いつけない。国の計画的支援が不可欠だったのである。そして重化学工業時代が終わるとともに、計画経済型の「社会主義」は有効性を失っていったのである。求められているのは、技術の特性や構造変化に応じた産業戦略なのである。

第三に、社会保障の現金給付が増やせない中で、介護、医療、保育、教育、就労支援などの現物給付を地方で行う福祉の分権化を進めた。年金給付や失業給付などの現金給付が抑えられた上で、普遍給付の形で支給されていては、低所得層や困難を抱えている人たちのより細かなニーズに応えられない。生活に、より密着した地域できめ細かな現物給付サービスを充実することで、それに応えようとした。また、こうした現物給付サービスの拡充はNPOを拡大させ、女性を中心にヘルスケアやソーシャルワーカーの雇用を増加させた。

そのために財源と権限が地方に移譲された。北欧諸国では九二年のスウェーデンの「エーデル改革」がこうした改革のさきがけとなった。エーデル改革自体は保守政権の下で行われたが、その後、社会民主労働党政権にも引き継がれた。そして九〇年代半ばからデンマーク、フィンランドなどでも、同様の地方分権化改革が行われていった。

残念ながら、日本ではすべてが周回遅れである。次章で述べるように、小泉「構造改革」の下で行われた「三位一体改革」は周回遅れの「新自由主義」政策となり、財政再建の下で、こうした福祉の分権改革は未完に終わった。他方、左派やリベラル派も、不良債権処理や産業戦略がなく、ひたすら所得の再分配を主張することだけに精力を注いできた。

しかし、九〇年代以来の積極的労働政策には負の面があったことにも注視しておく必要がある。非正規雇用の増加とリーマンショックの下での失業率の上昇に加え、イラク戦争からシリア内戦にいたるプロセスで、大量の移民・難民が流入したことで、北欧諸国とりわけスウェーデンやデンマークにおいて極右勢力が台頭し、政治的統合を困難にしているからである。

2　移民社会の出現と新しい福祉国家

対立と分断の底流にあるもの

「グローバリゼーション」は金融自由化から始まったが、一般にカネ、ヒト、モノの国境を越えた移動を増大させる。それゆえに、国民国家単位で歴史的に形成されたセーフティーネットを破壊する作用を持つ。しかし、生産要素市場には調整速度に違いがある。お金は一番速く動く。情報通信技術の発達はそれを加速させる。労働はそれより遅くじわじわ進む。土地や自然は国境を越えて移動できない。自然にまつわる農業は調整速度が一番遅い。資本→労働→土地や自然へと徐々に波及していく。この調整速度の違いや「ずれ」によって、「グローバリゼーション」が社会や経済に歪みと軋轢をもたらすのである。

お金には色がなく、実体経済を上回る規模で、国境を越えて激しく動くようになることで、株や不動産や証券化商品などの「資産」価格の上昇は速くなり、「持てる者」と「持たざる者」、富裕層と貧困層との間に大きな格差を生んでいく。しかも、労働規制の緩和が行われ、社会保障費が削減されて、その格差は一層拡大していく。そこへ労働の国際移動が進み、低賃金労働者が増える。ヒトはカネと違って、人種や国籍などの個別の違いが際立っていき、貧困層の間に対立と分断を生んでいく。格差の拡大に移民問題が加わると、社会の調整が追いつかない。金融のショック（バブル崩壊）が一気に起きるのと違って、ヒトの世界はじわじわと極右ナショナリストを台頭させ、移民問題はしばしば政治的統合を困難に陥れていく。土地や自然の調整速度はもっと長い。土地は動かず生産できないがゆえに、投機の対象になる。その一方で、地球環境問題には国境がない。問題の解決は一国では無理だが、その対策は国ごと地域ごとの対立を生んでいくことになる。土地や自然に縛られる農業は簡単に調整することはできない。いったん農業や自然が破壊されると、その回復は極めて困難になる。とくに農業問題は発展途上国にとって死活問題になる。

これまで見てきた欧米諸国における「新自由主義」から極右ナショナリズムに至る政治イデオロギーの背後には、移民・難民問題が深くかかわっている。それは従来の福祉国家の枠組みを変容させてきたが、いまや移民・難民問題が新しい福祉国家の枠組みを壊そうとしているのである。

移民労働者の増加と労働組合の後退

欧米諸国は、一九六〇年代の高度成長期に、旧植民地から低賃金労働分野に多くの移民労働者を入れた。しかし、七〇年代の石油ショックを契機に、移民問題が表面化した。とくに、都市の中心部に移民たちが集住するインナーシティ問題が深刻化していった。しばしば欧米諸国で移民「暴動」が頻発するようになった。八〇年代以降、移民排斥を主張する極右勢力が生まれ、白人貧困層を基盤に広がる一方で、税負担の軽減と社会福祉の削減を求めるレーガンやサッチャーの「新自由主義」が地域の〝草の根〟から生まれてきた。

一九七八年にカルフォルニア州で地方財産税の増税を制限する「プロポジション13」が成立すると、全米各州に、地方財産税の評価額の上昇ないし税率引き上げを制限する反税運動が広がっていった。その背景にはメキシコからの不法移民問題があった。カルフォルニア州の反税運動では「フリー・ランチ(ただ飯)を食わすな」がスローガンとなっていた。草の根からの「納税者の反乱」が財産税を対象としたのは、石油ショック前は不動産価格が上昇し、重くなった州の財産税の負担が白人中間層に集中する一方で、石油ショックのような経済的に困難な状況下で、福祉サービス受給者はヒスパニック系の移民たちだったからである。当時のカルフォルニア州知事だったロナルド・レーガンは、こうした草の根からの「納税者の反乱」を背景にして大統領に登りつめ「新自由主義」的な政策を実行していったのである。

イギリスでも七〇年代後半に、移民が都市中心部に集住するインナーシティ問題が浮上した。サッチャー首相はそれまで主張していた通り、地方税のレイト（不動産の賃貸価格にかかる唯一の地方税）を改革し、人頭税を導入した。お金持ちも移民の貧しい家庭も、一人当たりで同じ税金を納めるのが人頭税である。その負担の逆進性とともに、戸籍や住民票制度がないイギリスでは納税者の移動を十分に捕捉できず、こうした改革は失敗した。人頭税は、再び不動産の賃貸価格のかかるレイトの仕組みが部分的に取り入れられて、カウンシル・タックスという税に変わった。

社会民主主義の考え方が強い欧州でも、移民排斥と租税抵抗を引き起こした。フランスの極右「国民戦線」は七二年に設立され、八〇年代半ばに議席を獲得する。オランダでも七〇年代に移民制限政策と社会的統合の両方の政策が混濁して登場するようになる。デンマークでは、七三年に反税の主張と「小さな政府」を主張する進歩党が設立され、九五年には移民排斥を唱える議員たちが離党して国民党を結成するに至る。九〇年代に入ってから、スウェーデンでも移民排斥の動きが強まっていく。

しかし、こうした「新自由主義」的な政策は、英米諸国などで大規模な移民暴動を発生させた。イギリスでは八〇年にはランベス暴動、アメリカでは九二年のロサンゼルス暴動、フランスでは二〇〇五年パリ郊外暴動など大規模暴動が起きた。

その一方で、それまでストライキを行って自分たちの要求を通したり社会的抗議をしたりする労働組合の力は衰えていった。北欧諸国は何とか高い労組組織率を維持していたが、もともと労働組合の組織率が八%だったフランスは別にして、多くの国で組織率はじわじわと低下していった。「新自由主義」による国有企業が民営化され、労働規制の緩和で不安定就業が増えたことがその一因である。

たとえば、サッチャーは同情ストの禁止など労働組合法を「改正」したうえで、国有企業である炭鉱の大規模合理化を断行した。一九八四〜八五年に反対する炭鉱の大ストライキが起きた。この炭鉱ストの敗北以降、労働組合の組織率は決定的に落ちていった。イギリスは九五年に労働組合の組織率は三二・五%だったが、二〇一七年には二三・二%へ、ドイツは一九九五年の二九・二%から二〇一六年の一七%へ、アメリカは一九九五年の一四・九%から二〇一七年の一〇・七%へと減少している。

それにともなって、政労使が協議して政策を決定していくコーポラティズムの枠組みが崩壊ないし弱体化していった。中間団体の組織化されない「個化」された人々が増え、マスメディアの情報に直接さらされるようになっていった。後述するように、それが極右ポピュリズムの扇動をもたらす背景のひとつとなっている。

ダイバーシティと普遍主義

「新自由主義」に対抗する左派・リベラル派にとって、移民差別や排外主義に対抗して移民労働者や貧困者の「社会統合」のために、ダイバーシティ（多様性）の尊重が大きな政策課題になってきた。それは、従来の福祉国家のあり方を変化させた。かつての福祉国家体制では、経営者と労働組合の間の労使関係の対立を軸に、所得再分配政策が中心的テーマだったのに対して、人種、ジェンダー、障がい者、性同一性障がいなど、ダイバーシティを保証する普遍主義（ユニバーサリズム）をもとに、差別と偏見をなくしつつ貧困を減少させて、これらの人々を社会統合しようとする政策的な動きが出てきた。それは、現金給付中心に所得格差を是正する、上からの福祉国家あるいは従来型の社会民主主義的な考え方とは大きく違ってきている。

現金給付は、所得、性差、人種などにかかわりなく支給される普遍主義的給付になっていく。たとえば、お金持ちの子だろうが貧困者の子であろうが、移民の子であろうが、すべての子どもに「子ども手当」を支給するのは、ちょうどすべての子どもに義務教育を保証するのと同じように、この普遍主義の考え方に基づく。逆に、親の所得の多寡にしたがって児童手当や就学支援を子どもに支給すれば、子どもの間に差別が生じることになる。昼食を各家庭に任せれば、子どもの間で貧富の格差が表面化するのと同じである。

すべての人々の最低限の所得を保証するというベーシック・インカムは、そうした考え方のひとつと言ってよい。だが、こうした政策は財源的に実現可能性に疑問が残る。これまでの手当を整理して一律支給にすれば、かえって格差を拡大する面が生じる。何かを平等化しようとすれば、何かが不平等になる。とすれば、時代文脈的に最も重視すべき点について社会的合意を作りながら、普遍主義的給付を少しずつ実現していくしかない。ちなみに、日本では「ニュー・アカ(ニュー・アカデミズム)」として消費されたが、「差異」や「差異化」の概念を基軸にしたポストモダンといわれる思想傾向もこうした社会的背景があったと考えられる。

だが、現金給付の「普遍主義」化だけでは格差が是正されるわけではない。他方で、先述したように、地方自治体に財源と権限を移譲し、医療・介護・教育・保育・貧困対策などの対人社会サービス分野で現物給付の充実が図られた。貧困は「社会的排除」によって生ずるととらえると、その原因も個別的で多様だからである。精神的疾患を抱えている、母子家庭で子どもを抱えている、高齢者で独居である、何らかの理由で教育や訓練を受けていない、移民である、性的マイノリティであるなどなど、貧困の原因は様々である。社会的排除の理由が様々なのに、所得だけに注目して一律に現金給付を配っても貧困はなくならないことは言うまでもない。それゆえ、その人の「ニーズ(必要)」に合わせて問題を解決するためには、生活圏である地域において当事者に寄り添う対人社会サービスが重視されるようになるのである。

しかし、高齢者福祉における地域包括ケアや地域主導の貧困救済において、ニーズを持つ人たちは単なる弱者救済の対象ではなく、当事者主権を持つ者となる。まずダイバーシティを保証していこうとすると、彼らが地域で生活し社会参加していけるように、ノーマライゼーションが基本の考え方になる。そしてサービス供給者や負担者だけでなく、ニーズを持つ当事者自身が地域で発言し、地域の決定に参加していくことが必須になる。こうして地域で当事者主権の考え方の下に、高齢者福祉や障害者福祉あるいは多様な貧困救済の仕組みを作っていくという考え方へ移行していったのである。

もちろん財源と権限がなければ、こうした地域レベルの現物給付はできない。九〇年代に欧州諸国において、地域における福祉の現物給付化を進めるために財源と権限の地方分権化が進んだ。しかし、こうした移民労働者の社会統合の試みは、イラク戦争をはじめとする中東・アフリカ地域の液状化とリーマンショックによる経済停滞によって、大きな試練に直面している。

3　対テロ世界戦争とリーマンショック

ブッシュの対テロ戦争と難民問題

二〇〇一年九月一一日にアメリカ国内で、ハイジャックされた航空機四機による同時多発的テロが発生した。ニューヨークの世界貿易センタービルに航空機が突っ込んで崩れ去り、二一九二人の死者が出た。消防士や警察官、旅客機の乗員・乗客などを含めると、二七六三人もの死者数になる。ブッシュ大統領は翌日に、「単なるテロ行為ではない。これは戦争だ」と対テロ戦争を事実上宣言し、「テロリストの側につくか、我々の側につくか」と迫った。

ITバブルが崩壊する中で発生した、この忌まわしいテロ事件を政治的に利用し、〇一年一〇月に、ブッシュ政権は、ビン＝ラディーンとアルカイーダを犯人としてアフガニスタンのタリバン政権に引き渡しを要求したが、タリバン政権が拒否したため、アフガニスタンへの侵攻を開始した。タリバン政権は崩壊したもののアフガニスタンは事実上の内戦状態に陥った。さらにブッシュ政権の中枢に食い込んだネオコンによる際限なき戦争が始まった。〇三年三月二〇日から、イギリス、オーストラリアなどの有志連合によって、イラク戦争が始まった。フセイン政権は崩壊し、フセイン大統領は死刑に処された。戦争前、フセインが大量破壊兵器を隠しているとしてきたが、結局、証拠となる大量破壊兵器は発見されなかった。

大義なきイラク戦争は世界の政治と経済に大きな負の遺産をもたらした。イラクへ侵攻した背景には同国が世界有数の石油埋蔵量を有していることがあげられた。ブッシュ政権のディック・チェイニー副大統領は、世界最大の石油掘削機の販売会社ハリバートン社のCEO（最高経営責任者）を務め個人株主でもあり、イラク戦争は「石油のための戦争」と見る向きもあった。実際に、イラク戦争の直接の結果としては、石油価格の高騰がもたらされた。

いまひとつは、イラク戦争後、フセイン政権の残した武器や将校の一部がIS（イスラミック・ステート）を指導し、イラク北部からシリアにかけて占領したことである。シリアは事実上の内戦状態になり、大量の難民を出した。国連難民高等弁務官事務所（UNHCR）によると、人口二二〇〇万人のうち四〇〇万人以上が国外へ避難した。二〇一五年一二月三〇日付けの英BBCによれば、一五年にギリシャやトルコを経てEUを目指す移民・難民数は一〇〇万人を超えた。一四年の二一万六〇〇〇人の五倍に達した。この他にアフガニスタン、イラクからの難民もあった。ヨーロッパではハンガリー、ドイツ、スウェーデンといった国々への流入者が多く、これらの国々では反移民を掲げる極右政党が急速に勢力を拡大している。

ドイツ連邦統計庁によると、ドイツへの純移民は二〇一五年には一一四万人、一六年には五〇万人に達している。それが背景となって反移民を掲げる極右政党「ドイツのための選択肢（AfD）」の躍進につながった。ハンガリーではネオナチ極右政党の「ヨッビク（より良いハンガリーのための運動）」が議会第二党に躍進している。スウェーデンでも、一八年九月の総選挙で、反移民・難民を掲げる極右政党のスウェーデン民主党が躍進し、社会民主労働党は第一党に踏みとどまったものの、中道左派二党を含めても過半数を維持できなかった。この他にも、一八年には、イタリアでポピュリスト政党「五つ星運動」が反移民・反EUに傾斜し、極右政党の同盟（旧北部同盟）と組んで政権についた。ポーランドでは、一五年秋の選挙で極右政党「法と正義」が第一党になり政権についた。イギリスでも、保守党内部で反移民・反EUの勢力が拡大し、国民投票でブレグジット（EU離脱）を決め、EUとの協定案が議会で否決され、合意がないままEU離脱へ向かおうとしている。

二〇〇八年九月のリーマンショックで「一〇〇年に一度」の世界金融危機となったため、世界経済は大きく落ち込み、失業率が上昇し、格差も拡大した。こうした状況で、ヨーロッパに大量の移民難民が押し寄せた結果、各国で極右勢力が台頭したのである。過去の旧植民地からの移民労働者を「社会統合」するために、ダイバーシティを組み入れて変化した欧州福祉国家は再び試練に立たされることになった。

振りかえれば、九〇年前の大恐慌(一九二九年)は第二次世界大戦に行き着いた。だが、核兵器のために、先進国同士の戦争はもはや世界の破滅を意味する。その一方で、シリア、イエメン、ソマリア、コンゴ、南スーダンなど、冷戦が終わって放置された紛争地域が中東・アフリカで増加しているために、避難民も増加している。UNHCRによれば、支援対象者数は世界で約七一四四万人に達し、第二次世界大戦後で最大になっている。こうした現実を見ると、アフガニスタン侵攻とイラク戦争に始まる対テロ戦争は、宣戦布告のない、それゆえ終わりのない、新しい「世界戦争」と言えるだろう。

リーマンショックとオバマ政権

では、宣戦布告のない、終わりのない対テロ戦争を始めた当のアメリカはどうなったのか。二〇〇八年のリーマンショック後に行われた大統領選挙において「チェンジ」を掲げるバラク・オバマが大統領になった。アフリカ系黒人にルーツを持つ最初の大統領としてアメリカの多様性というリベラルな価値を体現し、イラク戦争で失われたアメリカの権威の失墜を癒やしてくれると期待された。だが、オバマ政権が直面したのは、金融危機を収束させ、格差社会を是正するとともに、対テロ戦争を終わらせるという歴史的難題であり、残念ながら同政権が達成できたのはごく一部にすぎない。

まずバブルを引き起こしたウォール街の大手銀行・投資銀行の経営責任を追及することができず、一九九〇年代に整理信託公社を作って不良債権処理を行った時とは決定的に違っていた。リーマンショックによる不良債権の規模は九〇年代とは比べものにならないほど大きく、決済機構の中枢を蝕んでいた。それゆえ、強いリーダーシップを発揮できないかぎり本格的処理は難しかった。政権運営上、オバマはウォール街と結びついた米民主党主流と組まねばならず、結局、先に見たように、議会での議論を経ないですむ、FRBによる住宅ローン担保証券の買い取りを含めた金融緩和政策に依存した。そして、再び株や住宅価格の上昇によるバブルに向かっていった。

だが、膨大な公的資金を注入されながら、大手銀行・投資銀行の経営者は責任をとらず、多額の退職金を手に入れていく一方、若者の就職は厳しくなっていく事態に、二〇一一年九〜一〇月にかけて「ウォール街を占拠せよ(Occupy Wall Street)」運動が発生した。「我々が九九%である」というスローガンが示すように、金融資本主義はアメリカの一%の富裕層に富が集中する状況を生み出した。一六年一月に公表された国際NGO「オックスファム」の報告書によれば、世界の一％の富裕層が世界の資産の半分を握り、アメリカでは一％の富裕層の資産が残りの九九％の資産を上回るという猛烈な格差社会が作り出された。

もちろん、オバマ政権が何もしなかったわけではない。彼のブレーンとなったポール・ボルカー元FRB議長は、バブル崩壊が銀行システムに波及することを防ぐために「ボルカー・ルール」を提案した。それは、預金者のお金をリスクの高い取引に投じないよう、銀行の資産規模の膨張や銀行の自己勘定による取引やファンドへの出資を厳しく制限している。二〇一〇年に、その考え方はドッド・フランク法（金融規制改革法）として実現された。金融安定監督評議会（FSOC）と金融調査局が設けられた。

しかし、銀行は抜け穴として自己資本の一定比率をプライベート・エクイティ・ファンドおよびヘッジファンドに投資することが許され、ヘッジ目的での取引もまた許容された。またヘッジファンドなどの投資仲介業者に対しても規制が入ったが、報告義務だけであり、厳格にチェックされているかどうかは不明である。そして、一八年に入って、このボルカー・ルールに関しても規制緩和の動きが出ているのである。

より問題なのは、ボルカー・ルール自体はバブルが銀行へ波及するのを防止することが目的だということである。さまざまなプライベート・エクイティ・ファンドが形成され、証券化手法も発達し、しかも資金の国際的移動が自由化されてしまえば、どこからでも資金調達は可能になるので、バブルは起こりうる。そもそもバブルで資産価格が上昇しているかぎり、経理上にバブルの問題は現れにくい。そしてバブルが崩壊すると、急激に財務が悪化する。それからでは手遅れになるケースが多い。この世界的に異常な金融緩和が続く限り投機マネーは常に供給されるので、また金融機関のレバレッジ比率をきちんと抑制しないかぎり、バブルは何度でも繰り返すことになるだろう。

オバマの「チェンジ」と挫折

金融危機の処理が中途半端になったオバマ政権であるが、地球温暖化対策には熱心に取り組み、産業戦略として再エネに力を入れた。大統領選の公約として、再エネへ一〇年間で一五〇〇億ドルを投資し、五〇〇万人のグリーン雇用創出を掲げた。また公共施設の省エネ化に伴って二五〇万人の雇用創出策を打ち出した。いわゆる「グリーン・ニューディール」政策である。

復興・再投資法(ARRA)の成立に伴って、エネルギー省は四五〇億円の予算を投じて、大学研究機関やNPOや民間企業に新設された四八のエネルギー・フロンティア研究センター(EFRCs)を設立し、またエネルギー省高等研究計画局(ARPA-E)にも予算がつけられた。

しかし、再エネの普及には研究開発投資の支援だけでは不十分である。再エネはコスト低下が急激で、導入初期は市場も不安定である。また、すでに石炭火力や原子力による発電が行われている。再エネの発電コストが平均発電コストを下回り、商業化に成功するまで事業を粘り強く支援する必要があったが、それが十分にできなかった。一一年秋における太陽光発電メーカーのソリンドラ社の経営破綻はその象徴であった。

一方、アメリカは州ごとにイニシアティブがばらばらであり、ドイツの再生可能エネルギーの固定価格買取制度のように、全国的に市場を創出する政策が系統的にとられたわけではない。こうした状況で、オバマ政権は軍や連邦の建物で重点的に再エネを採用することで、補おうとした。その結果、オバマ政権半ばにおいて、米国エネルギー省によれば、一三年末に太陽光の発電コストが一一・二米セント／kWh（約一一円／kWh）になり、アメリカの電力料金の平均価格一二米セント／kWhを下回るようになったのである。その後は、さらなるコスト低下が起きている。

格差是正政策については、オバマ政権の成果は「オバマケア」である。アメリカは、医療保険分野では民間保険会社が支配しており、公的医療保険制度は「社会主義」的だとして議会共和党が徹底的に攻撃する、世界でもめずらしい「先進国」である。その結果、無保険者が五〇〇〇万人近く存在し、医療破産も生じるなど社会問題になっていた。二〇一〇年三月に、オバマ大統領は、オバマケア(Affordable Care Act)を成立させた。州ごとに若干の違いがあるものの、各州に医療保険取引所が開設され、ほとんどの人が、保険会社が提供する医療保険に加入できるようにした。その際、保険会社に対しては既往症などの健康状態で加入を拒否することを禁止した。低所得者の加入には連邦政府より補助金が受けられる一方で、医療保険に加入していない個人には確定申告時に罰金(追加税)を科すことになった。またメディケイド制度が拡張された。これによって、無保険者が減少する一方で、オバマケア自体は私的保険会社に依存した制度であるために保険料率が上昇していった。トランプ政権は、こうした不満をとらえて、オバマケアの廃止を主張している。

ところが、対外関係では、オバマ政権は対テロ戦争を止めるように努めたが、成果をあげられなかった。オバマ政権は一一年一二月一八日に、イラク駐留米軍の最後の部隊を、隣国クウェートへ撤収させた。だが、シーア派とスンニ派の融和や多国間の平和維持の枠組みを作るのに失敗した。結局、シーア派政権の下で、スンニ派武装勢力のＩＳの勢力拡大によって、一四年八月から航空攻撃を行い、地上部隊を再派遣することになった。ロシアのシリア侵攻とともに、当初は三〇〇人程のつもりだったが、その後、派遣部隊は三〇〇〇人以上に増えていった。二〇一四年末にアフガニスタンでの戦闘任務完了を宣言し、一六年末までにアフガニスタン駐留米軍を撤退すると発表した。オバマ大統領は「史上最長の戦争は終結」すると宣言したが、この方針も一五年一〇月に見直さざるをえず、一七年以降も五五〇〇人を駐留させる新方針を発表した。結果的に、大量の難民が隣国だけでなく、ヨーロッパに大量に流れ込むことになった。

トランプのアメリカ

オバマ政権は「チェンジ」を試みたが、「一〇〇年に一度」の金融危機ゆえに経済が低迷し、しかも民主党主流がウォール街と結びついたままグローバルな金融資本主義を覆すことはできなかった。オバマケアなどを実施したものの、貧富の格差のさらなる拡大も止まっていない。世界中、移民難民であふれる中、先述したように、欧州諸国を中心に移民排斥を掲げる極右ポピュリズムの台頭を許すことになった。

彼らは「オルタナ右翼(Alt-right)」と呼ばれ、既存メディアへの批判とともに、SNSも含めたメディアを使って、マスメディアを通じて流される移民や女性に対する「政治的に正しい(ポリティカリー・コレクト)」ことは欺瞞であるとして、ナショナリズムを煽り、移民や女性への差別的発言を繰り広げている。その言説は「ポスト・トゥルース」と特徴づけられる。客観的事実かどうかが問題なのではなく、人々の感情に影響を与えることが重視される。

二〇一六年一二月に、アメリカにおいてドナルド・トランプが大統領に当選して、この潮流が大きな影響力を持つことになった。トランプ政権はメキシコ国境に壁を作ることを公約に掲げたが、政権発足直後の一七年一月二七日に、テロリストの入国を阻止するとして、ベネズエラ、北朝鮮、イラン、リビア、ソマリア、シリア、イエメン、チャドなどの七か国(その後六か国)に対する移民入国禁止令にサインした。それでも、当初は連邦地裁によって執行停止になっていた。だが、一七年一二月に、トランプ大統領就任以来三回目となる九月の入国禁止令をめぐって「イスラム禁止令」にあたるとして訴訟が提起され、最高裁は訴訟継続中の禁止令の執行を認めた形となった。そして、一九年二月一四日にトランプ大統領はメキシコ国境の壁建設の予算を通すために「非常事態宣言」を出した。しかし、同月二六日に下院が、続いて三月一四日に上院が宣言を無効とする決議案を可決したため、トランプ大統領は拒否権を発動すると言明した。

既存メディアへの攻撃も今までの政権にないものである。まず、ケリーアン・コンウェイ大統領顧問が、トランプ大統領の就任式にはオバマ大統領の就任式以上に多くの人が集まったとの虚偽発言について、インタビュアーに対して「オルタナティブ・ファクト(もう一つの事実)」

だったと答え、「ポスト・トゥルース」の時代が来たことを印象づけた。

そして、トランプ大統領は、ロシアのサイバー攻撃（民主党全国委員会の情報システムに侵入）やSNSを使った一連の選挙干渉に関与したとされるロシアゲート事件、元ポルノ女優との不倫口止め疑惑、父親の不動産会社から四七〇億円を受領した際の脱税疑惑など多くのスキャンダルを抱えているが、自身を批判する「ニューヨークタイムズ紙」やCNNの記者たちを「フェイクニュース」と批判し、既存メディアへの攻撃を行っている。

背後にあるのは、グローバリズムによって創り出された白人貧困層の不満である。それは反移民の主張とともに、「米国第一主義（アメリカ・ファースト）」を掲げる通商・外交政策に最も強く表れている。この「ポピュリズム（大衆迎合政治）」的手法は、トランプ自身がロシア疑惑などで厳しい追及を受けているがゆえに一層強くなる。

米中「貿易戦争」へ

トランプ大統領の外交政策の手法は、「ビジネスマンのディール（取引）」手法によって特色づけられる。そこから「米国第一主義」が出てくる。そして、自分が強いアメリカを再現する（Great America Again!）のに必要な人間であることを印象づけようとする。

こうした動機から「ビジネスマンのディール」手法を貫くのは、アメリカの「力の誇示」である。相手に制裁措置をちらつかせ、要求をふっかける。もしアメリカの要求を飲まなければ、それを躊躇なく実行する。相手が妥協してくれれば、それで合意を作る。そこには、目指すべき世界に関して中長期の戦略的構想があるわけでない。あるのは、当面の自己利益を最大化しようとする、庶民にもわかりやすいディールである。その自己利益最大化行動は時として露骨な「自己都合主義」となって現れるのである。

こうしたトランプ大統領の外交手法は、知的エリートを軸にして展開されてきた従来の共和党・民主党の政策スタンスとは違ったものであり、トランプ大統領でなければ、今のアメリカを変えられないのではないか、というある種の「期待」感を呼び起こすのである。

巨額のインフラ投資や大幅減税による「大きな政府」、あるいは「保護貿易主義」といったトランプ大統領の掲げる政策は、従来の共和党と異なる路線である。トランプ陣営が従来の民主党の基盤であったラストベルト（ウェストバージニア州、ミシガン州、オハイオ州、ウィスコンシン州、ペンシルバニア州などの錆びた重化学工業地帯）に食い込み、この不満のエネルギーを「米国第一主義」を掲げて吸収しようとしたと考えられる。実際に、トランプ陣営はラストベルトで勝利したことで、得票数で負けながら代理人数で上回り大統領選に辛勝した。

トランプは大統領当選後すぐに、TPP（環太平洋経済連携協定）から離脱した。北米自由貿易協定で製造業が空洞化したとの認識から、TPPによってアメリカは不利になると考えたのである。そして、二〇一八年の三月に、米東部の「鉄鋼の街」ペンシルバニア州ピッツバーグ郊外にある連邦下院第一八選挙区の補欠選挙で共和党候補が敗北し、〇二年以来の議席を失った。まさに、こうした状況の下で、新たに鉄鋼関税二五％とアルミ関税一〇％を課す保護関税が打ち出された。この政策を実行したウィルバー・ロス商務長官は世界一の鉄鋼メーカーのアルセロール・ミタルの役員を務めていたが、中国の鉄鋼輸出攻勢によってアメリカ国内の鉄鋼業はしばしば打撃を被っている。

次に打ち出したのは、知的所有権侵害を理由にして、米通商法第三〇一条に基づいて一一〇〇品目五〇〇億ドルに及ぶ中国への「制裁」関税である。一八年七月六日に第一弾として約八〇〇品目に二五％の関税を課した。とくに半導体や産業用ロボットなどハイテク製品を対象としている。中国はこれに対して大豆や自動車、海産物など総額五〇〇億ドルの米製品六五九品目に対し二五％の輸入関税を課すとし、そのうち三四〇億ドルの農産品、自動車などについて報復関税を課した。トランプ大統領は、同年八月二三日に、残る一六〇億ドルに二五％の追加関税を課すとした。これに対抗して、中国はWTOに提訴すると同時に、一六〇億ドル分、三三三品目に二五％の追加関税をかけるとした。

さらにトランプ政権は、九月二四日に二〇〇〇億ドル（約二二兆円）相当の中国製品に一〇％の追加関税を課した。この第三弾に対しても、中国は、六〇〇億ドル（約六兆七五〇〇億円）相当の米国製品に五％または一〇％の追加関税を課して応じた。これに対して、トランプ大統領は一九年には関税を一〇％から二五％に引き上げることを打ち出して米中貿易協議に臨んだ。

さらに一八年一二月に、トランプ政権が、スマートフォンで世界三位の中国通信大手のファーウェイCFO（最高財務責任者）の孟晩舟をカナダ当局に要請して、イラン制裁違反として逮捕する事件が発生した。しかし、イラン制裁そのものの国際法上の正当性が怪しく、それは、アメリカがいかに中国の先端産業化をターゲットにしているかを示すものだと考えられよう。米中貿易戦争は、情報独占に基づく軍事的優位をめぐる対立という要素も加わって、激化している。

世界のGDP一位のアメリカと二位の中国が「貿易戦争」を行っており、アメリカを中心とするサプライチェーンと中国を中心とするサプライチェーンに世界は分断されかねない状況が生まれている。アメリカは二国間貿易交渉で「自国第一主義」で自国に有利になるように動くのに対し、中国は、「自由貿易主義」を掲げ、アジアから欧州にいたるシルクロードをひとつの経済圏にする「一帯一路」構想を一四年一一月に打ち出し、アジアインフラ投資銀行（ＡＩＩＢ）などを用いたインフラ整備や経済援助をしようとしている。こうした対立が、世界経済に負の影響を与えることが懸念されている。それは貿易やサービスの取引の減少だけでなく、投機マネーの行き場を失わせ、金融的ショックをもたらしかねないからである。もしトランプ政権の「貿易戦争」が世界経済を壊すトリガーとなれば、トランプ政権の政策の正統性を揺るがしかねない状況になっている。

北朝鮮とイラン

トランプ政権の安全保障政策についても、一貫した理念を見いだすことは難しい。二〇一八年六月一二日に行われた米朝首脳会談を含むトランプ大統領の北朝鮮政策で、「緊張緩和」政策をとる一方で、エルサレムをイスラエルの首都として大使館を移転させ、同年五月八日に、イラン核合意から離脱し、八月六日にはイラン制裁の大統領署名を行い、一一月五日には金融、原油・エネルギー部門を中心とした七〇〇以上の企業・団体、個人、航空機、船舶が制裁対象に追加された。一貫しているのは、トランプ大統領は「再び強いアメリカ」を印象づけ、自分の選挙上有利になるように動き、「ビジネスマンのディール」手法で交渉することである。

トランプの支持層から見れば、北朝鮮の非核化はアメリカの有権者にとっても利益がある。エルサレムをイスラエルの首都として大使館を移転するとユダヤ人ロビーおよびキリスト教原理主義者たちの支持を得られる。イラン制裁は、中東地域に緊張を作り出すことで石油価格を上昇させ、アメリカの石油メジャーやシェールオイル業者に利益をもたらす。しかし、イラン制裁は中東地域に新たな緊張関係をもたらし、欧州諸国との同盟関係を揺るがしかねない。

こうした政策がうまくいくかどうかはわからない。だが、北朝鮮がいまだに朝鮮戦争の最中にあり、戦時体制の軍事国家であり、イラク戦争やリビアで起きた既存体制の「暴力的転覆」が彼らを「瀬戸際外交」に走らせてきたことを踏まえると、最後に残った「冷戦」＝戦争状態という条件を取り除くことに一歩踏み出した意義は大きい。実際、第一回目の米朝首脳会談直後、マイケル・リチャード・ポンペオ国務長官がソウルを訪れ、トランプ大統領任期終了の二一年一月までに北朝鮮の核放棄を実現したいと述べた。しかし、一九年二月末の第二回会談は何の合意もできなかった。もちろん、北朝鮮は軍事独裁国家であり、トランプ大統領も言うことがころころ変わり、さらに最終的に米朝間で平和条約を結ぶにはアメリカ議会の承認を必要とする以上、予断を許さない。

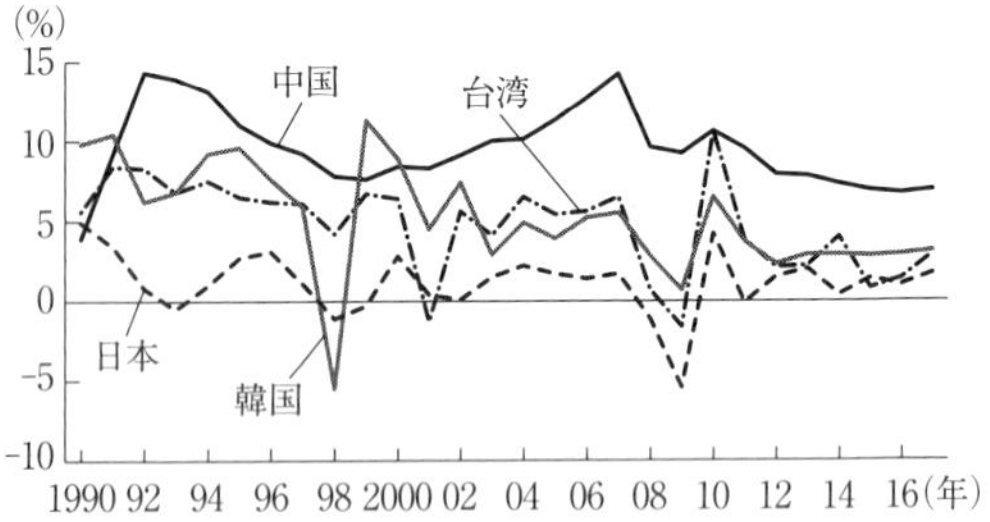

(出所) IMF データより作成
https://www.imf.org/external/datamapper/NGDP_RPCH@WEO/OEMDC/ADVEC/WEOWORLD

図 2-2　東アジア諸国の実質 GDP 成長率

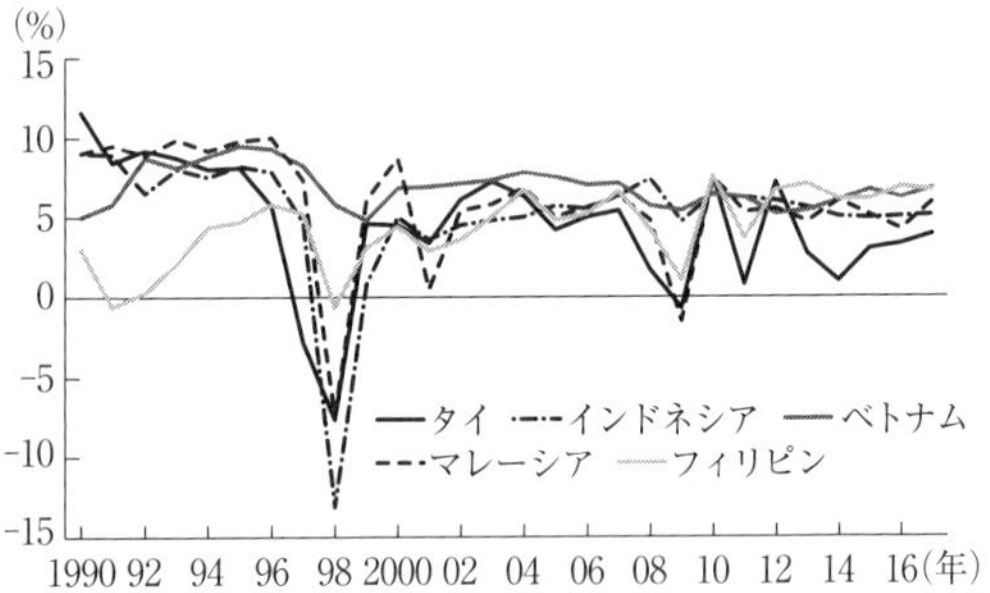

(出所) 図 2-2 と同じ

図 2-3　ASEAN 主要国の実質 GDP 成長率

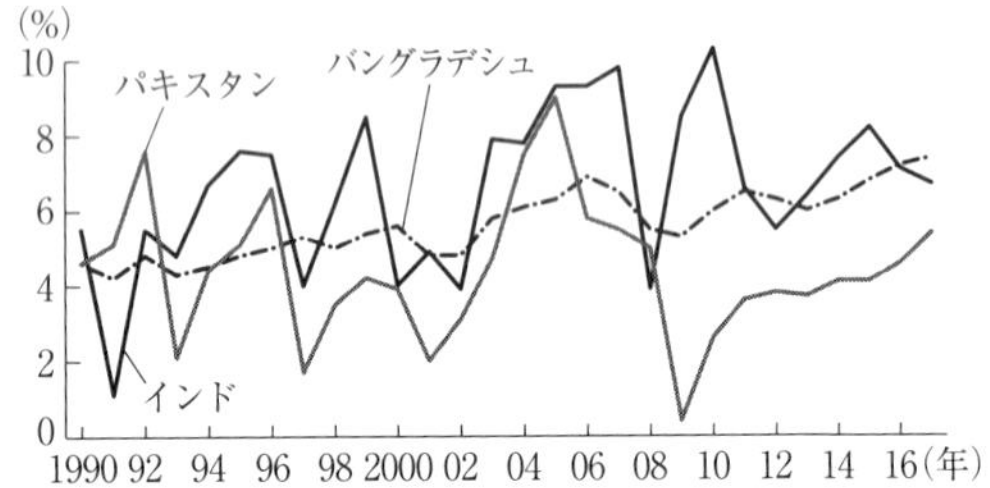

(出所) 図 2-2 と同じ

図 2-4　南アジアの実質 GDP 成長率

発展するアジアをめぐって

問題の根底には、実はリーマンショック以降、アジアだけが経済成長を続けており、中国がこの地域との結びつきを強めているという現実がある。一九八〇年代以降、アジア諸国は外資を導入し、その輸出主導型の経済発展は「東アジアの奇跡」と言われた。九七年夏にタイのバーツの暴落から始まった東アジア通貨経済危機によって、いったん大きく成長率は落ち込んだが、その後、立ち直った。アジア諸国では次第に厚い中間層が形成されており、内需を形成し始めている。リーマンショックで先進諸国の経済成長率が一段と低下し、また新興国でもブラジル、アルゼンチンあるいはロシアが低迷しているのとは対照的に、唯一アジアだけが高い経済成長率を保っている。いまや世界の成長センターと言っても過言ではない。

図2-2が示すように、日本の低迷を除くと、中国・韓国・台湾はリーマンショックの影響を受けて一段階落ちたものの、依然として堅実な経済成長率（実質GDP成長率）を維持している。ASEAN主要国の実質GDP成長率を示した図2-3を見ると、九七年の東アジア通貨経済危機によって大きく落ち込んだが、その後、急速に立ち直り、ベトナムやインドネシアはリーマンショックの影響が軽微なまま高い成長率を維持している。リーマンショックの影響を受けたタイは経済が激しく落ち込んで、政治的にもクーデターが起きたが、その後は立ち直っている。

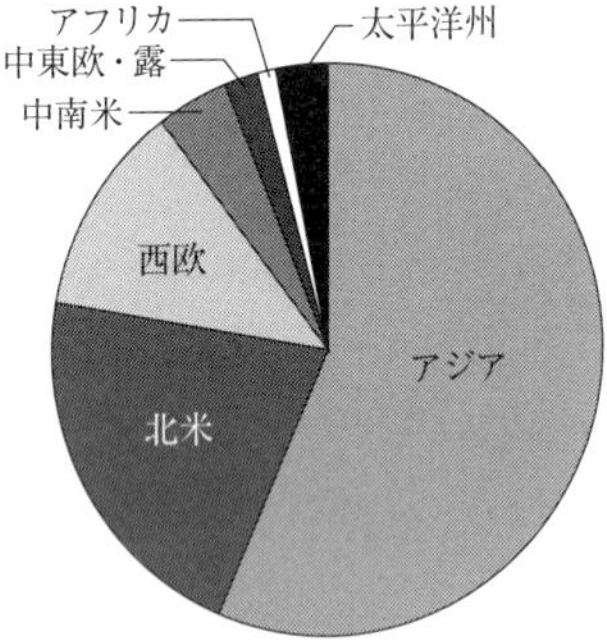

（出所）財務省「貿易統計」より作成
http://www.customs.go.jp/toukei/suii/html/data/y1.pdf

図2-5　日本の地域別輸出割合（2017年）

さらに、図2-4が示すように、インドを中心とする南アジア諸国も高い成長率を実現している。

オバマ政権は、成長センターのアジアに外交の重点を移し、TPPで対中国包囲網を作ってアジアに楔を打ち込む方針をとった。これに対して、トランプ政権は中国に対して、直接「貿易戦争」を仕掛けることで、その影響力を削ぐ方針であると言えよう。

しかし、中国はこうしたアメリカの戦略に対抗して、アジア諸国の経済発展を取り込むべく、一四年に「一帯一路」構想を打ち出し、翌一五年末には中国が主導してアジアインフラ投資銀行を設立した。当初、AIIBにはアメリカも日本も参加しなかったが、ヨーロッパの主要国は参加した。

トランプ政権がこのまま米中貿易戦争を継続していくと、またイラン核合意以降、外資導入による自動車生産が伸びるイランをも叩くことで「一帯一路」構想に楔を打ち込もうとすれば、世界経済が「分断」されて落ち込んでいくことが懸念される。

ちなみに、こうした中で、日本の立ち位置が曖昧になっており、板挟み状態に陥る危険性が高まっている。図2-5を見てみよう。いまや日本の輸出先はアジアが約五五%を占めており、北米は二割(アメリカは一九・三%)にとどまる。一九九五年にはアジアは四三・五%なのに対し、アメリカは二七%を占めていた。中国だけをとると、九五年の約一一%から二〇一七年には二〇・五%へと倍増し、単独では最大の輸出国になっている。トランプ路線に乗っていくと、アメリカへの輸出が減る一方で、中国を含む成長センターであるアジア地域からも取り残されていく危険性を伴う。アジアとどう向き合うかが、日本経済の将来を左右すると言っても過言ではない。

トランプのパラドックス

アメリカでは二〇一八年一一月に中間選挙が行われた。上院では共和党が過半数を維持したが、下院では民主党が過半数をとった。いわゆる「ねじれ」状態になった。トランプ政権は大統領権限の強い通商・外交政策に傾くだろうと言われている。だが、トランプ政権に一貫した理念と中長期の見通しがあるわけではない。とりわけ、トランプ大統領の「自国第一主義」と「ビジネスマンのディール」手法は、戦後のアメリカ支配を掘り崩す効果を持っている。

トランプ大統領は、ロシアとの間の核大国同士の軍事的競争（とくに核兵器）と均衡で世界を支配できると考えているようだが、事はそう単純ではない。一八年一〇月に、トランプ大統領はＩＮＦ全廃条約（中距離核兵器全廃条約）の破棄を表明した。しかし、一九八八年にレーガン米大統領とミハイル・ゴルバチョフソ連共産党書記長との間で結ばれたＩＮＦ全廃条約は冷戦の終結を準備した。それを破棄することで、米ソの冷戦的均衡を再現できるわけではない。十分すぎるほどあふれている核兵器を増強したところで、アメリカの軍事的優位が一層高まるわけではない。

戦後のアメリカが覇権を確立できたのは、圧倒的軍事力とともにドルを国際通貨として確立したからだけでない。ひとつには、「自由貿易」の旗を掲げて自国の市場を開いて世界経済を牽引してきたこと、もうひとつは、第二次世界大戦においてナチスドイツによる迫害からユダヤ人を解放し、戦後の自由と民主主義といった価値を自ら体現してきたことにある。

前者についてみれば、トランプ大統領の一方的な鉄鋼・アルミ関税や中国への制裁関税は、アメリカ支配の戦後レジームを正統化してきた自由貿易体制を損ねるだけでなく、戦後に同盟関係にあった欧州諸国との間でも対立を生む。そして、いまや立場が逆転して、中国がアメリカに代わって「自由貿易」を主張するようになっている。

一九八〇年代にも似た状況があった。レーガンは「小さな政府」を標榜しながら減税先行で「双子の赤字(財政赤字と経常収支赤字)」が深刻になった。そこで戦後の自由貿易体制を維持するために、G7と「協調」して、ドルに対して先進諸国が通貨を大幅に切り上げるプラザ合意を結んだ。しかし、もはや今のアメリカには他の先進諸国を引っ張って合意を結べるだけの力がない。それがトランプ政権の「自国第一主義」による保護関税と貿易戦争の動きとなっている。これでは多くの国から「孤立」を招くだけである。

後者については、かつてナチスドイツに迫害されたユダヤ人は、いまやパレスチナ人を迫害するようになっている。エルサレムをイスラエルの首都として一方的に承認し大使館を移転したり、イラン核合意から一方的に離脱したりすることは、こうした迫害を正当化することにつながりかねない。それは同盟関係にある欧州諸国とも対立する。またトランプ大統領はメキシコ移民を強く排斥するのに対して、かつてユダヤ人を迫害したドイツが移民に寛容になっている。ここでも立場の逆転が生じているのである。ブッシュの戦争が壊したアメリカの道義性を再び失いかねない状況にある。

第3章

転換に失敗する日本

1　振り子時計と「失われた三〇年」

周回遅れの政治が続く

一九九〇年代以降、日本の政治は周回遅れになった。

前章まで見た先進諸国の政策イデオロギーと政治構造の変化に、いつも一〇年二〇年遅れで似た政策をとり、そして失敗するようになった。その意味で、日本は経済だけでなく、政治もキャッチアップ型を抜け出せなかった。かつては、それが成功を導いたが、いまやそれが失敗の歴史を繰り返させるのである。

分岐点は、九〇年代における不良債権処理のあり方であった。銀行の不良債権処理に失敗すると、ますますその傾向は強まっていったからである。第2章で見たように、九〇年代は、世界では銀行経営者の責任をとらせたうえで、主として欧州諸国は銀行国有化を中心にして不良債権処理を進め、アメリカは整理信託公社（RTC）を設けて公的資金を注入して不良債権を買い取り、貯蓄銀行（S&L）や州法銀行を合併させる方式をとって不良債権処理を行った。

だが、日本はそれがなかなかできなかった。第1章で述べたように、実際に、九〇年代初めにバブルが崩壊し、九七年一一月に北海道拓殖銀行や山一證券などの経営破綻が起きても、経営者も監督官庁も責任が問われることはなかった。それが「失われた三〇年」の起点となった。二〇一一年三月の東京電力の福島第一原発事故でも、経営者も監督官庁も責任逃れが続き、失敗を糊塗する措置が繰り返された。それが産業や社会の構造転換をどんどん遅らせていった。会社社会における集団への過剰同調圧力は、意思決定における責任の所在の曖昧さと裏表で成り立っていた。それは、「追いつけ追い越せ」で目の前に目標があるかぎりで、キャッチアップ型の経済成長には適合する面があった。しかし、失敗が重なると、逆回転が始まった。誰も責任をとらないので、転換もできなくなっていったのである。

官民問わず、トップが責任をとらない社会体質の問題は、かつて丸山眞男が「無責任の体系」と呼んだ戦前の日本政治や日本社会における意思決定の特徴とほとんど変わらない。それは戦争責任を不問に付すことと深い所で結びついているが、今は、それが「新自由主義」というイデオロギーと結びついている点で新しい。

資本主義がバブル循環に変質して、主流経済学は有効性を喪失している。度重なる金融危機を予測できず、またそれに対する有効な政策手段を持たなかった。実際に、不良債権を厳格に査定し貸倒引当金を積み、自己資本不足には公的資金を注入するか、銀行を国有化して不良債権を切り離して再民営化する「手術」が必要だったが、主流経済学の枠組みにはそうした政策はどこにも位置づけがなかった。銀行システムが脆い「信用」の上に成り立っていることを無視して、しばしば市場原理にしたがって銀行の自己責任論から公的資金注入に対して反対論が展開された。そして本格的な不良債権処理に失敗すると、それを正統化するために「新自由主義」イデオロギーが席巻するようになった。

「新自由主義」イデオロギーをバックにしたグローバリズムが、周回遅れで日本経済の「改革」のイデオロギーとして前面に出てきたのである。バブルとバブルの崩壊で行き詰まったのは、日本の「護送船団方式」に原因があると見なされ、「グローバリゼーション」に乗って規制緩和でこうした仕組みを壊せば、日本経済は再生できると主張された。そして本格的な不良債権処理策はとうとう採用されずに終わった。

実は「新自由主義」が、「無責任の体系」と親和性を持っていたのである。すべては市場原理が決めるという論理は、何もしない「不作為の無責任」を正当化してくれる。失敗しても、それはあくまでも市場(という自動調整メカニズム)の働きの結果であり、自己責任ですまされる。責任を問われるべき経営者や監督官庁にとって、これほど都合のよい政策イデオロギーはなかった。そして、周回遅れの「新自由主義」は取り返しのつかない格差社会を産み落としてしまった。政策の結果、格差が拡大して貧困に陥っても、それも自己責任なのである。

振り子のように振れる政策

日本の政策と政権は、その中で振り子のように振れた。規制緩和や「小さな政府」を軸とする「構造改革」路線がとられたが、当然のように行き詰まる。すると、今度は景気対策としての「マクロ経済政策(拡張的な財政政策と金融緩和政策)」がとられた。政策と政権は、この両者の間で行ったり来たりした。それは、まるで、「供給サイド」に立つか「需要サイド」にたつかという主流経済学の対立軸をそのまま再現しているかのようであった。前述したように、真にとるべき政策はまったく別のところにあった。

日本でバブル崩壊に直面したのは宮沢喜一内閣であった。宮沢首相は、九二年八月の経団連の軽井沢セミナーで、公的資金を注入してでも不良債権を早期に処理する必要性があると発言した。ちょうど、アメリカでも整理信託公社ができ、公的資金注入が始まっていた。しかし、経済界、官僚、政治家たちの反対にあって、公的資金注入はタブーとなった。その後、宮沢内閣は、九二年八月に総合経済対策(一〇・七兆円規模)、九三年四月に新総合経済対策(一三・二兆円規模)、同年九月に緊急経済対策(六・一兆円規模)と経済対策を打っていった。

だが、リクルート事件、佐川急便事件、金丸信脱税事件と「政治とカネ」の問題が相次いで起き、政治改革が問題になる中、小沢一郎や羽田孜が自民党の経世会を割って離党し、新生党を結成した。九三年八月に、非自民・非共産八党派を糾合して細川護熙政権を成立させた。細川政権は、日本経済の行き詰まりは護送船団方式の日本的な仕組みにあるとして「例外なき規制緩和」による「改革」を主張した。と同時に、それはかつてのレーガンの「新自由主義」的な政策と同様に、周回遅れで、所得税減税など減税政策を中心とした経済対策を打ち出した。九三年九月の緊急経済対策(六・二兆円規模)、翌九四年二月の総合経済対策(一五・二五兆円規模)がとられた。

その後、小沢一郎派と反小沢一郎派の対立が表面化し、九四年六月、羽田内閣が少数与党内閣となって総辞職した後、自民党が日本社会党・新党さきがけと連立政権を組み、村山富市内閣が誕生した。村山政権は、九五年九月に円高対策として経済対策(一四・二二兆円規模)を打った。しかし九五年の参議院選挙で日本社会党が敗北し、翌九六年一月に村山首相は突然辞職した。そして橋本龍太郎政権が誕生した。橋本首相は、行政、財政、社会保障、経済、金融システム、教育の「六つの改革」を訴えた。村山政権下で決められた住宅金融専門会社(住専)の不良債権に対する六八五〇億円の公的資金注入を実行し、「橋本構造改革」を進めていった。橋本政権は、一府二二省庁から一府一二省庁に統廃合する省庁再編を実行し、沖縄県の普天間飛行場の返還交渉でクリントン政権から合意を取り付けた。しかし、九七年夏の東アジア通貨経済危機が起き、先送りしていた不良債権問題が噴出し、同年一一月に北海道拓殖銀行や山一證券などが経営破綻する金融システム危機が発生し、十分に対応できないまま、翌年七月に小渕恵三政権に譲ることになった。自社さ政権は崩壊し、自民党が政権復帰した。

小渕内閣は、金融システム安定のために史上最大規模の予算を組み、九八年一一月には緊急経済対策(二三・九兆円規模)を打った。九九年一一月にも経済新生対策(一八兆円規模)をとった。「構造改革」路線から再び拡張的マクロ経済政策に振れたのである。しかし、金融システムが安定しない中で小渕首相は急逝し、二〇〇〇年四月に森喜朗政権が誕生した。森政権も小渕政権を引き継いで景気対策を打った。同年一〇月に打ち出された日本新生のための新発展対策(一一兆円規模)である。しかし、これでも金融システム危機は収束する気配もなく、デフレ・スパイラルが続いていった。

そうした中で、〇一年四月の自民党総裁選に、小泉純一郎が出馬し、田中真紀子の応援を得て、街頭演説で「自民党をぶっ壊す」と「改革」を訴え、大衆的なブームを作り出した。党員党友票を大量に獲得して、小泉純一郎政権が誕生したのである。「構造改革なくして景気回復なし」「聖域なき構造改革」「痛みを伴う改革」など、メディアを通じて、短く端的なスローガンを連発するポピュリスト的手法は、「ワンフレーズ・ポリティクス」と言われた。こうして「構造改革」路線に再び振れた。

2　周回遅れの「新自由主義」

小泉「構造改革」へ

二〇〇〇年代前半の小泉「構造改革」は、周回遅れでやってきた「新自由主義」を実行に移したものであった。市場原理に任せることで経済が成長するというシンプルで「わかりやすい」スローガンに最適なイデオロギーであった。

〇三年から構造改革特区が始まり、〇四年に「官から民へ」というスローガンで道路関係四公団などの特殊法人が民営化された。その一方で、電力システムの発送電分離改革の動きもあったが、経済界の中枢に及ぶ改革は見送られた。結局、郵政民営化が「改革の本丸」と位置づけられた。ところが、〇五年八月八日、参議院本会議の採決で自民党議員二二人が反対票を投じたため、郵政民営化関連法案は否決された。民間の論理では成り立たない地方の郵便局の整理統合が起きれば、地域の衰退が一層進むことが懸念された。と同時に、郵便貯金や簡保(簡易生命保険)の資金が原資となる財政投融資資金が先細りになると、公共事業の利益政治が壊されることになるという面があった。

小泉首相は衆議院解散に打って出た。そして郵政民営化に反対する議員たちを「抵抗勢力」と呼び、その選挙区に対立候補を立てる「刺客選挙」を展開した。その間、メディアでワンフレーズが繰り返し流され、「小泉劇場」と言われた。「痛みを伴う改革」がワンフレーズのひとつだったが、郵政民営化は、地方の過疎地域に住む人々以外の多くの人にとっては「痛み」がほとんどなかった。そして、「小泉劇場」の観客として自ら一票を投ずると、社会が変わるかのような幻想が行き交った。メディア政治が作り出した「観客民主主義」である。

郵政選挙の結果、たしかに自民党は変わった。小選挙区制度では、候補者は自民党本部の公認を得られないと、当選できないことが明らかになった。経世会(旧田中派)や宏池会の保守リベラル系の派閥は少数派に転落し、タカ派の清和会が主流になるとともに、小選挙区では当選しやすい地盤、看板を引き継ぐ二世三世議員の比重を高めていった。自民党内部ではかつての派閥間の激しい論争は消え、多様性を失っていった。

経済政策としてみると、規制緩和による経済成長が実現されたとは言いがたい。「構造改革特区」は目立った新しい産業を生み出さなかった。むしろ、第1章でも述べたように、スーパーコンピュータ、半導体などIT関連産業をはじめとする先端産業ではどんどん遅れていった。さらに、規制緩和を次々実現していった宮内義彦オリックス会長(当時)を議長とする総合規制改革会議は、議長の企業が利益を得るケースがあり、「改革利権」を生むと批判された。

加えて、小泉政権期の雇用規制の緩和や社会保障費の削減は個人間地域間格差を一層拡大させ、地域の少子高齢化を進行させていった。とりわけ若い世代で急激に非正規雇用が増加したことで、日本は新陳代謝のない社会となっていった。また後述するように、健康保険制度の診療報酬の継続的切り下げや臨床研修医制度の「自由化」などが地域医療や介護を困難に陥れ、地方交付税の大幅削減も加わり、地域格差をひどくしていった。

小泉政権期には一〜二%の低い実質成長率が続いたが、結局、それは金融緩和による円安誘導によって、住宅バブルのアメリカなどへ、既存の輸出産業の輸出を維持したことによる。良し悪しは別にして「良好」な日米関係を背景にして、円安が容認されたことが大きい。

実際、小泉政権は、ブッシュ政権の大義なき対テロ戦争に積極的に関与していった。米軍のアフガニスタン侵攻を支援するテロ対策特別措置法を成立させ、海上自衛隊を米軍らの後方支援に出動させた。〇三年三月に米軍がイラクへ侵攻するとともに、同年七月にイラク特措法を成立させ、イラクのサマワにPKOとして陸上自衛隊を派遣した。国会で、PKO五原則に反する戦闘地域への派遣ではないかと追及されると、小泉首相は「どこが戦闘地域か私にわかるわけがない」という開き直った答弁を行った。一五年後の一八年四月に、それまでないとされていた「イラク日報」が見つかるが、そこには、宿営地付近や走る自衛隊車列付近で爆弾が爆発し、サマワではイギリス軍と武装勢力の間で戦闘が行われていたと記されていた。

「大きすぎて潰せない」

これまで見てきたように、一九九〇年代以降、政権交代のたびに、「構造改革」と景気対策（マクロ政策）の間で揺れてきた。銀行の不良債権処理問題はなおも続いていたが、小泉政権では、竹中平蔵経済再生財政相が金融危機対応にあたることになった。竹中平蔵は、九五年の住専問題では、農協系金融機関の問題だとして公的資金注入に反対した。その後、九七年に三洋証券、北海道拓殖銀行、山一證券、徳陽シティ銀行と次々経営破綻が生じたために、九八年三月に、二一行に一・八兆円の公的資金が注入されたが、金融危機は収拾せず、同年一〇月に、自己資本比率を割った銀行に公的資金を注入することを決めた金融機能早期健全化法が成立した。その後すぐに日本長期信用銀行は一時国有化され、一二月には日本債券信用銀行も一時国有化された。これを受けて、九九年に、竹中平蔵、中谷巌らが中心となって経済戦略会議の中間答申を出し、銀行経営者の責任を三年棚上げし、事実上、刑事責任を問えなくしたうえで、銀行経営者側に手を上げさせる申請方式をとって公的資金の注入が進められた。これに基づいて、大手一五行は総額七兆四五九二億円に及ぶ資本注入を正式申請した(『日本経済新聞』一九九九年三月二三日)。しかし、こうした厳格な債権査定なき公的資金注入では金融システムは安定しなかった。

それまで竹中平蔵は政官財の反対を受けて公的資金注入に反対し、公的資金注入に際しても経営責任を棚上げにして足を引っ張ってきたが、木村剛を入れて、二〇〇二年一〇月に「金融再生プログラム(通称「竹中プラン」)を発表した。木村は、一貫して銀行の粉飾会計を批判し、厳格な不良債権査定の実施と貸倒引当金を積むべきだと主張してきた数少ない人物の一人であった。ともあれ、彼をチームに入れたことで、ようやく一〇年遅れでデューデリジェンス(不良債権の厳格な査定)の重要性が認識され、〇三年五月から、りそなホールディングスに三兆円の公的資金を注入して実質国有化し、続いて同年一一月には足利銀行が破綻したため、預金保険法第一〇二条に基づいて一時国有化した。その後、皮肉にも、粉飾会計を批判してきた木村剛は、その功績で銀行免許を手に入れ日本振興銀行を立ち上げたものの、自ら会計粉飾に走り、経営破綻させた。

金融システムは信用から成り立っており、信用が揺らげば、たちまち〝伝染〟する。経済合理性では金融システム危機について説明することはできない。繰り返すが、金融システム不安を収めるには、厳格な不良債権査定に基づいて、貸倒引当金を積み自己資本不足に対して公的資金を注入するか、国有化して不良債権を切り離すかが必要だった。いずれにせよ経済学が論じない果断な「手術」が不可欠だったのである。

二〇〇二年までに、ずるずると公的資金が注入され、破綻先への金銭贈与と資産買取で約二五兆円、うち銀行に資本注入された額は一二・四兆円に達していた。結局、総計四八兆円もの公的資金が注入されたにもかかわらず、経営者は誰も責任をとらなかった。そして、〇一〜〇二年にかけて大手銀行は合併して三大メガバンクに再編され、「大きくて潰せない」状態が作り出されたのである。第1章で述べたように、法人税減税、繰越欠損金などを拡大し、また財政出動で企業を支え、企業の負債は公的債務に付け替えられていった。

さらに、財政出動に加えて金融緩和もどんどんエスカレートしていった。一九九五年まで八次にわたる公定歩合引き下げが行われ、ついに九九年にゼロ金利政策が導入された。これ以上、政策金利を引き下げることのできない状態になって、日銀は政策目標を金利から、民間銀行が日銀に預け入れる当座預金残高という「量」に変更し、市場に潤沢な資金を供給する量的金融緩和政策に転換した。それ以降、日銀は、日本銀行券発行残高を超過する長期国債は買い入れないという「日銀券ルール」を掲げ、一応、無制限な金融緩和に足を踏み入れないよう努めてきた。また、満期が近い期近物の国債を買い入れることで、日銀に国債が積み上がることを避け、いつでも正常化できるように出口を用意していた。

小泉政権もこのゼロ金利政策を継承した。ちなみに、安倍晋三政権が誕生してから、その政策はさらにエスカレートしている。黒田東彦日銀総裁は、二〇一三年四月に「異次元の金融緩和」を導入し、この日銀券ルールを一時停止し、膨大な長期国債の買い入れへと政策方針を転換させることになったが、この点については次章で詳しく述べる。

小泉「構造改革」と地域医療の崩壊

結局、規制緩和政策の中心となった構造改革特区からは新しい画期的な産業が生まれることはなかった。それどころか、規制改革会議のメンバーが意思決定に係わり、利益相反を行う「改革利権」が問題になった。前述したように、その後、安倍政権下の国家戦略特区で問題化した加計学園の獣医学部新設の走りである。

小泉政権は一応、ＩＴ革命の推進を口にしながら、二周遅れの「新自由主義」ゆえにアメリカや北欧諸国のような明確な国家戦略が欠如していた。スーパーコンピュータのスカラー型への転換やクラウドコンピューティングによるＩＣＴ、ＩｏＴ（情報通信技術）といった情報通信産業の発展に乗り遅れ、労働法制の規制緩和に走ることで若い世代を使い捨て、ソフトやコンテンツを作る能力を育たなくしてしまった。またインセンティブという名の下に、毎年一％ずつ国立大学の予算削減や若手研究者の任期制（有期雇用）を推し進めて、基礎研究と基盤技術を衰弱させていった。

円安誘導による大手企業の輸出依存と株高で低成長だが長い「景気回復」を背景にして、小泉政権は長期政権となったが、その脆さは退任後のリーマンショックで露呈した。ＪＡバンク以外に、日本の金融機関はサブプライムローン絡みの証券化商品をほとんど買っていないにもかかわらず、日本経済は先進諸国の中で激しい落ち込みを示した。図1-4には、リーマンショック直後、急速な円高でドル建て表記のＧＤＰの落ち込みがずれて現れているが、欧米諸国の金融危機に伴う輸出の減少とともに、先進諸国で一番ＧＤＰが激しく落ち込んだのである。地域経済が疲弊しているために内需が細り、対外ショックをもろに受けたためであった。

小泉「構造改革」の下で、地域経済の疲弊が深刻になった。小泉政権は財政再建を掲げて、公共事業費を削るまでは良かったが、社会保障・社会福祉制度の改悪を進めたからである。まず〇四年には年金制度改革が行われた。①〇四年から厚生年金保険料を毎年〇・三五四%ずつ引き上げ、一七年度以降は一八・三〇%とする。②国民年金保険料を毎年二八〇円ずつ引き上げ、一七年度以降は一万六九〇〇円とする。③年金給付水準の物価上昇分の調整を「マクロ経済スライド」方式にする。すなわち物価上昇分の九割をカウントせず、その分、給付を実質的に切り下げる。④修正積み立て方式だった年金制度をみなし賦課方式(その時の保険料で給付をまかなう制度)とし、標準的な厚生年金(夫婦の基礎年金を含む)の世帯の給付水準を現役世代の平均的収入の五〇%以上とした。

年金制度の事実上の切り下げであった。と同時に、著しく不利な国民年金制度はそのままで、結局、厚生年金と共済年金の統合を打ち出すにとどまった。

では、社会保障の現金給付の抑制を打ち出したなら、医療・介護などの現物給付を充実させたのか。残念ながら、医療や介護制度の「改革」や「三位一体改革」の名前で行われた地方自治体の予算削減は、地域経済を疲弊させ、少子高齢化をますます進めていった。不必要な施設やインフラが多い公共事業を削ること自体は必ずしも悪い政策とはいえないが、医療や介護の支出削減は地域に住む条件を失わせてしまう。転機となったのは「骨太の方針2002」であった。

まず、二年ごとに行われる診療報酬改定で、〇二年二・七％、〇四年一・〇％、〇六年三・一六％と三回連続の引き下げが行われた。つぎに、〇四年には臨床研修医制度の変更が行われ、民間大病院を中心に多くの研修医が吸い寄せられて、とくに地方国立大学の医局が医師不足となった。医局の「封建的」な秩序の問題はあったとはいえ、地域の医師供給をどうするかという視点抜きに、臨床研修医制度の「規制緩和」を遂行したために、玉突き状に地域の中核病院から医師の引き上げが生じて、地方の医師不足は決定的になった。残った医師たちも過重労働から医師の集団離職によって病院が破綻するケースも起きた。

とりわけ、中小市町村の中核病院となっている「総合病院」は大きな打撃を受けた。相次ぐ診療報酬引き下げで病院の収入が落ちて赤字が拡大し、つぎつぎと大学医局から派遣されていた医師の引き上げが起きて診療科が維持できなくなった。診療科目が次々に廃止され、患者が減り、収入がさらに落ち込んだ。後述する地方交付税削減政策が続き、自治体が財源不足になり、病院の赤字補塡もままならなくなった。〇一年に一〇〇六あった公立病院は、〇五年までに九八二まで減少した。多くは統廃合、民営化、診療所への格下げなどで消えていった。こうした地域では救急医療体制を維持することさえ困難に陥っていった。

一方、格差の拡大とともに、医療サービスでも格差が広がった。とくに、市町村単位で運営されてきた国民健康保険に矛盾が集中して現れた。国民健康保険はもともとは自営業者や農業者が加入する健康保険制度であったが、退職とともに各種健康保険を抜けて移ってきた高齢者や非正規雇用が加入するようになっていた。国民健康保険の滞納世帯数は二〇〇六年に四八〇万に達した。一〇年間で約一・六倍に増えた。保険料未納者が一〇割負担となる資格証明書交付世帯数も三五万になった。市町村財政の悪化に伴う保険料引き上げや患者負担増加が国民健康保険加入者から受診抑制を招いていった。

さらに、医療費削減のために社会的入院を削減するとして、介護保険を導入するとともに、急性期、回復期、慢性期といった病院の機能分化が進められるようになった。二〇〇〇年の介護保険の導入とともに、翌〇一年に療養病床が創設(その後、廃止の方向)された。また、手術をする急性期病院は、患者と看護師の割合を七対一とし、一定割合の重症患者がないと認められなくなった。地方から看護師の引き抜きも行われた。急性期にも高度医療を担当するＤＰＣ(包括医療支払い制度)が設けられた。ＤＰＣとは、従前の出来高払いではなく、一群の疾病に関して包括払いする制度である。そして、それぞれに入院日数が一定日数を超えると入院基本料が引き下げられる入院日数短縮政策がとられた。在宅医療も介護も整備されないまま、病院を追い出され、医療と介護の谷間に沈んでいく医療難民・介護難民が発生するようになった。

その後も政府は、入院日数を減らし、できるだけ在宅医療や在宅介護へ移す政策を進めている。政府は、二五年までに病院の病床(ベッド)数を最大二〇万床減らし、三〇万〜三四万人を自宅や介護施設に移す方針を打ち出している。そして、一四年六月に国会を通過した地域医療介護総合確保法では、施設待機者が多い状況の中で、要介護3以上にならないと特別養護老人ホームへの施設入所が認められなくなった。施設に入れなかった要介護者は在宅介護になるが、介護職の給与水準が低く、離職率が高く訪問介護は人員不足が常態化している。にもかかわらず、政府は介護労働者の賃金を引き上げることを求める一方で、一五年の介護報酬改定では全体でマイナス二・二七%の切り下げを行うという矛盾した政策を実行するに至っている。認知症は約五〇〇万人いるとされているが、いまや老老介護、介護虐待が起き、果ては介護殺人まで起きている。将来不安はなかなか解消しない。

年金制度をはじめ現金給付を切り下げ、アメリカをモデルにした医療の「効率化」が進められたが、ヨーロッパで進む地域レベルで医療と介護の連携を図る「地域包括ケア」ができなければ、病院から追い出される患者の受け皿ができず、医療や介護制度はかえって壊れてしまう。

そこで、ヨーロッパでは、一九九〇年代に財源と権限を地方に移す地方分権改革が行われた。小泉政権下でも「三位一体改革」が実施されたが、周回遅れの「新自由主義」による財政再建政策のために、財源も権限も地方に十分に行き渡らず、「改革」は似て非なるものとなった。

頓挫した地方分権改革

バブルが崩壊した一九九〇年代に入って、地方分権化政策が始まった。九一年に、地方自治法の一部改正によって、機関委任事務(旧地方自治法第一四八条等)に関する地方議会の検閲検査権、監査請求権を認めるとともに、国に従わない地方自治体に対して行う職務執行命令裁判は二回から一回に短縮され、首長の罷免権も削除されたが、国の代執行は認められた。

その後、九五年に村山内閣の下で、地方分権推進法が決まった。地方分権推進委員会は九つの勧告・報告・意見を出した。その中で、地方分権推進委員会は国の補助金整理を進めようとしたが、省庁の抵抗にあって、なかなか進捗せず、結局、監督権限を残しながら補助率を削減する事例が目立った。これでは、かえって地方自治体の負担は増え、自主性が損なわれてしまう。

またバブルの崩壊とともに、使途を特定せずに地方自治体の財政力格差を調整する地方交付税が制度的にもたなくなってきた。税収の落ち込みとともに、地方交付税特別会計（交付税および譲与税配付金特別会計）自体が「隠れ借金」をするようになった。バブルが崩壊した九〇年代に「隠れ借金」は膨張を続け、二〇〇六年に五二兆二八二一億円まで膨らんだ。そのうち国の負担分一八兆六六四八億円が、〇七年に一般会計に継承された。

さらに、国から配分される補助金などが不足する分を、地方自治体に財源対策債を発行させてまかない、その元利償還費を後年度の地方交付税で手当する変則的な特例地方債が増えていった。当面、足りない分は地方自治体に借金してもらい、後で返済は地方交付税で面倒を見てあげるという仕組みである。こうした「財源対策債」方式が、バブル崩壊後の景気対策として公共事業政策に動員されていった。まず、地方に独自に事業を立てさせる（地方単独事業）。この事業を地域総合整備事業債でまかない、その元利償還費の一部を後年度の地方交付税で負担していくのである。たとえば、まちづくり特別対策事業や地域福祉特別対策事業あるいは地方特定道路整備事業の地方単独事業では、総事業費の七五％を地域総合整備事業債でまかない、地方自治体の財政力指数に応じて元利償還費の三〇～五五％を、後年度の地方交付税の基準財政需要額に算入するのである。

こうした変則措置は、使途を特定しない地方交付税の一般補助金としての性格を歪めていった。景気が回復して税収が増えて返済できるようにならないと、地方交付税の変則措置による「隠れ借金」が累積してゆき、制度自体がもたなくなる。バブル処理の失敗が「失われた一〇年」という長い経済停滞をもたらし、それが現実化していった。一九九〇年代のヨーロッパ諸国のように、人口構成の少子高齢化に合わせて自主税源を地方自治体に移譲して医療や介護を充実させねばならないのに、むしろ、ずるずるとしたバブル処理のための公共事業政策に地方財政が動員されていったため、地方財政は困難に陥っていった。

「失われた一〇年」の閉塞感が漂う中で、二〇〇一年に小泉政権が誕生し、市場原理主義に基づく「構造改革」を打ち出す中、「三位一体改革」という地方財政改革が行われていった。国から地方へ「税源」を移すと同時に、国庫補助金を削減し、地方の自主税源が増えた分だけ「地方交付税」を落として、三つの財源を入れ替えるという意味で、「三位一体改革」と呼ばれた。しかし、総務省はヨーロッパで起きている地方分権化の流れにそって、地方税源を充実させ、少子高齢化に対応しようとするのに対し、財務省は財政再建を優先させた。いわば呉越同舟の地方分権改革となった。

結局、「三位一体改革」は財務省主導の財政再建路線がしだいに勝っていった。地方への税源移譲は、国の所得税の基本税率部分を一〇%減税し、その部分を地方の個人住民税に一〇%

上乗せする形をとったが、結局、三兆円規模の税源移譲は〇六年まで実施されなかった。その一方で、国庫負担金と国庫補助金は四・七兆円削減され、地方交付税は五・一兆円も削られた。国庫負担金と国庫補助金については、公共事業関係は「スリム化」や「交付金化」で温存される一方、義務教育費国庫負担金、国保関連、児童手当、介護給付費、公立保育所運営費などが削減されたが、それに見合う自主税源が補塡されなかった。とくに〇四年の二兆円あまりの地方交付税削減は「二〇〇四年ショック」と言われた。

その結果、地方財政危機がもたらされた。二〇〇〇年からの介護保険法の実施があり、高齢化対応で一般会計の歳出は伸びたが、地方自治体自身が介護事業に乗り出すことはできず、民間事業者への補助費・委託費が増加していった。福祉の民営化ばかりが進んだ。〇二年に元利償還費を後年度の地方交付税で負担する形で進められた地方単独事業は終わったが、「三位一体改革」で地方交付税が大幅に削られたために過去の元利償還部分を補償できず、その後、地方自治体は地方単独事業を行うことはできなくなった。

それだけではない。特別会計や地方公営事業や土地開発公社などの地方特殊法人の「隠れ借金」を一般会計で補塡できなくなった。国民健康保険や老人保健の福祉関連の特別会計、バスや下水道や公立病院などの公営事業の赤字に加えて、観光事業・工業団地・宅地造成などの地域経済振興策の失敗が一気に露呈してきた。とりわけ中曽根政権期のリゾート法で次々と作られた地方の施設は不良債権化していたが、維持できなくなっていった。そういう中で、バブル期に地域振興のモデルともてはやされた夕張市が財政破綻した。

多くの地方自治体が財政緊縮を余儀なくされ、総務省が作る地方財政計画額と決算額に大きな乖離が生じるようになった。そして、この地方財政危機を背景に市町村合併が推進された。二〇〇三年三月末に三二一三あった市町村は、〇三〜〇五年に合併のピークを迎えつつ、一〇年三月末には一七二七へと半数近くに減少した。いわゆる「平成の大合併」である。

同時に、地方分権化を目指したはずの「三位一体改革」は、かえって国の地方財政監視を強めさせることになった。夕張市の財政破綻を契機に、従来の一般会計のみならず、特別会計を含めた連結実質赤字比率(四〇%)や公営企業の元利償還費の一般会計繰り入れも含めた実質公債費比率など、新たな財政健全化指標が求められるようになった。その後、地域経済・地方財政の疲弊、少子高齢化と地域格差の拡大がどんどん進行し、自治体の消滅さえささやかれるようになっていったのである。

3　転換の失敗がもたらしたもの

民主党政権のマニフェスト

リーマンショックは自民党政治を混迷に陥れた。円高になり株価が下落したためである。日本経済にとって円安への依存度が高まっていた。非正規雇用の増加と実質賃金低下、さらに「構造改革」によって地域経済の疲弊が起きているために内需が伸びなくなった。その中で、円安が輸出企業の利益を保証することで、低い成長率をかろうじて維持してきた。

リーマンショックは結局、自民党から民主党への政権交代をもたらした。不況に陥る中で、「国民の生活が第一。」というスローガンを掲げた民主党への期待が高まった。

民主党は鳩山由紀夫代表（当時）の下に「マニフェスト策定委員会」を設置して作成した「マニフェスト」が一種のブームを作った。そこには欧米諸国から周回遅れのまま手つかずの政策がいくつか盛り込まれていた。

第一は、格差社会の進行とともに社会保障というセーフティーネットが崩れている状況を克服するために、「コンクリートから人へ」のスローガンの下、大型公共事業の廃止と地域主権による社会福祉の充実が打ち出された。社会保障改革では「普遍給付」化が試みられた。そのために、日本における年金や健康保険制度の一元化が打ち出された。日本の職業別雇用形態別に分立した年金制度や健康保険制度は、非正規雇用の拡大に伴って国民年金・国民健康保険の空洞化を招いていた。それを一元化して、正規雇用や非正規雇用にかかわりなく、あるいはどのような職業についていようとも、最低保証年金制度で最低限の生活保証をされたうえで、同じ年金制度や健康保険制度に入ることができるようになる。しかし、財源の見通しが甘く、また、既得権益が侵される既存の年金や健康保険の反対が根強く、実現しないままに終わった。

子どもの貧困を解決するために、「子ども手当」と高校無償化が実施された。「子ども手当」は、子どもの権利の保証とジェンダー視点が組み入れられた、新たな子どもの貧困の解決策であった。これまでの児童手当のように、親の所得の多寡に応じて給付を出す政策は、親のパターナリズム(父権主義的な保護)を前提としており、子どもの間で差別を生みやすいものであった。子ども手当は親の属性にかかわらず、すべての子どもに現金給付を出す政策であり、子どもの側に視点を移して子どもは誰でも育つ権利があり、ダイバーシティを尊重しつつ社会全体でその普遍的人権を保証するために、親の所得の多寡に関係なく普遍主義的な給付を出そうとする仕組みであった。義務教育と基本的に同じだと見なせば、その考え方はわかりやすい。それは、母子家庭の子どもへの差別をなくそうとするだけではなく、すべての女性が子どもを産むリスクを軽減させることが意図されていた。しかし、これも恒久財源が明確でなく、古い福祉の考え方を持つ「右」からも「左」からも批判され、元の児童手当に戻されていった。

第二は、高まる貿易自由化の圧力に対し、それまでの関税保護に代えて戸別所得補償を打ち出した。WTOルールに基づいて農産物価格と農業保護政策を切り離すデカップリング政策を打ち出し、実行に移したのである。戸別所得補償政策は実現したが、大規模農家のみでなく、零細農家にも補償することに、バラマキとの批判が出た。だが山林がほとんどを占める日本の国土ではそもそも大規模専業農家が主流になることはありえない。機械の入らない中山間地で、いくら農地を集積しても効率性は上がらない。むしろ環境と安全という観点から見れば、小規模零細農業に優位性がある。とはいえ、小規模零細農業では所得が上がらない。こうした矛盾を解決するために、一〇年の「六次産業化・地産地消法」に結実する「六次産業化」という戦略がとられた。川上の一次産業(農林水産業)から、二次産業(農産物加工)や三次産業(販売やサービス)を取り込む垂直的統合で、流通の中抜きを取り戻し、付加価値を高めていくのである。民主党の政策の中で定着した数少ない政策のひとつとなった。

第三は、地球温暖化対策への取り組みの強化であった。マニフェストは、環境税、排出権取引、再生可能エネルギーの固定価格買取制度（FIT）がその手段としてあげられた。それらを「日本版グリーンニューディール」の政策手段ととらえ、エネルギー転換を成長戦略とする考え方を打ち出した。一一年に現行の石油石炭税に上乗せされる形で化石燃料の利用量に応じて課税される「地球温暖化対策のための税」が検討され、一二年から実施された。しかし、ドイツなどと比較して税率や税収額では小さなものにとどまった。これに対して、一一年三月一一日の東日本大震災で東京電力福島第一原発事故が起きたのを契機に、菅直人首相が自らの退陣と引き換えに、再生可能エネルギーの固定価格買取制度を導入した。安倍政権になって原発再稼働・輸出路線に逆戻りしたものの、エネルギー転換に大きく貢献する橋頭堡となるものであった。

第四に、鳩山政権は、東アジア共同体構想を打ち出した。民主党政権は日米の「同盟関係」を維持しつつも、前章の最後で述べたように、アジアの経済発展を取り込む方向を打ち出したのである。また普天間基地の国外・県外移設を公約したが、その実現は困難を極め、挫折した。

こうした政策の大転換を進めるために、鳩山政権は官僚主導から政治家主導に政策決定の仕組みを変えようとした。総理直属の「国家戦略室」を置き、大臣・副大臣・政務官の政務三役、大臣補佐官など国会議員一〇〇名を政府に配置した。そのうえで、事務次官・局長などの幹部人事について政治主導の下で新しい幹部人事制度を確立しようとし、天下りを禁止したのである。

何が問題だったのか

「行政刷新会議」を設置し、予算を精査して無駄や不正を排除する事業仕分けはメディアの注目を浴び、これまでの政策の根本的転換を図る内容が含まれていたにもかかわらず、マニフェストに掲げられた政策を着実に実行するという点では不十分であった。

まず第一に、政府に政務三役を送り込んだとしても、民主党の政治家には統治の経験がなく、政策形成能力にも疑問符がつく中、メディアパフォーマンスばかりを優先する稚拙さが目立った。たとえば、「コンクリートから人へ」の目玉であった八ッ場《やんば》ダムがその象徴であった。国交大臣になった前原誠司は閣僚就任早々、審議会委員の入れ替えも、役所や関連地方自治体との協議もなしに、記者会見でいきなり建設中止を宣言するなど、メディアパフォーマンスを優先する稚拙さを露呈させた。事業仕分けも同様であった。前述したようにスーパーコンピュータがスカラー型に移行して、また日本は世界ランキングで三一位に転落しているのに「二番ではいけないんですか」と問いかけて、技術に関する無知をさらしてしまった。普天間基地の移転問題も、鳩山政権は成果を焦るあまり、地元の合意を取り付けることもなく、唐突に徳之島移設を言い出した。官僚たちの協力が得られなかっただけではない。長年の懸案には粘り強く問題に取り組む姿勢を持つべきであった。

第二に、マニフェストでは財源が不明確であった。マニフェスト・ブームもあったために、それが国民に過剰な期待を抱かせたのは、総花的に並べられた項目に短期、中期、長期といった優先順位がつけられておらず、実現のための工程表もなかった。しかもマニフェスト作成時の「影の内閣」とは別の人物が閣僚になった。それは、マニフェストが全議員に共有されていないことを露呈させる結果をもたらした。

年金の一元化をめぐって財源が問われ、まず掲げた年金改革が頓挫した。リーマンショックで税収が落ち込む中で、子ども手当、戸別所得補償、高校無償化などをめぐって、絶えず財源問題が問われた。そして今度は逆に、菅直人政権になってから、マニフェストになかった消費税増税とTPP（環太平洋経済連携協定）を党内論議が不十分なまま唐突に出した。それが、政策の混乱を一層印象づける結果をもたらした。

第三に、政権発足時から、小沢・反小沢の党内対立があった。一〇年一月に、東京地検特捜部は、小沢一郎事務所の二〇億円もの資金が政治資金規正法の虚偽記載にあたると問い、小沢の元秘書の石川知裕衆議院議員(当時)と秘書の大久保隆規を含む三名を逮捕した。小沢一郎の関与が疑われたが、国会証言を拒否したことを契機にして、党内対立が表面化した。国民の声と向き合うことを忘れてしまったかのようであった。

ただし、あえて付け加えておくべきは、民主党政権にとって不運だったのは、リーマンショックに加えて、東日本大震災と東京電力福島第一原発で重大事故が発生したことであった。しかも、第二次安倍政権になってからも菅直人首相に対する執拗な攻撃が起きている。たとえば、菅首相が海水注水を中断させたといった類いの事実に基づかない攻撃も繰り返されている。逆に、菅首相が東京電力本社に乗り込み、全員撤退はありえないと叱責していたことは意図的に無視された。

そもそも福島第一原発事故の原因は「安全神話」を垂れ流してきた原子力ムラと自民党の政治家である。第一次安倍内閣は、事故トラブル隠しで停止していた福島原発を次々と再稼働させ、「原子力ルネサンス」路線を敷いていった。そして〇六年一二月二二日、当時の安倍首相は「全電源喪失はない」との答弁書を国会に提出した。まさに、安倍首相および甘利明経済産業相(当時)は「安全神話」を垂れ流し、福島第一原発事故の原因を作ってきた張本人である。その後、実際に全電源喪失が発生した福島第一原発事故後の一一年六月一八日に、甘利明が、この質問書と答弁書をもとに取材されて拒否したことを放映したテレビ東京の「田勢康弘の週刊ニュース新書」に対して、スラップ訴訟を起こして勝訴した。これ以来、第一次安倍政権の「原子力ルネサンス」路線が福島第一原発事故をもたらす原因を作ったことはタブーとなった。そして、第二次安倍政権は、原発事故の反省もなく、原発再稼働・原発輸出路線をひた走り、とうとう東芝を経営危機に陥れてしまったのである。にもかかわらず、その後もメディアはこのことを批判しない。

二〇一四年七月に、東京電力の元経営陣に対して、検察審査会による「強制起訴」がなされている。被告三名が出席した同社首脳による〇八年二月の「御前会議」で、原子力設備管理部門のナンバー2の社員が、国の地震予測「長期評価」に基づいて新たな津波予測を試算することを報告し、了承されていた。だが、被告人の武藤栄元副社長らは「この会議で長期評価が話題になったことはない」と否定した。「記憶にない」である。

とはいえ、当時の民主党政権にも問題があった。東京電力はすでに債務超過に陥っていたが、閣僚の中にも破綻処理の意見が強かったにもかかわらず、結局、経営責任を問わないままゾンビ企業として生き残らせた。それが脱原発を遠のかせてしまったのである。

安倍政権とポピュリズム

一二年一二月の衆議院選挙において、民主党は五七議席と惨敗し、自民党は二九四議席、公明党は三一議席と大勝し、衆議院の三分の二を獲得した。そして第二次安倍政権が誕生した。政策は再び景気対策としてのマクロ経済政策に振れた。しかし、一九九〇年代初めから続けられた「失われた二〇年」の財政金融政策をただ繰り返しても同じ結果になることは見えている。そこで、第二次安倍政権は「周回遅れ」でないように見せるために、今まで失敗してきた政策をすべて寄せ集めた上に、その規模を異常に膨らます形をとった。安倍政権は、異次元の金融緩和を中心に、財政出動、規制緩和中心の成長戦略という「三本の矢」を掲げ、それを「アベノミクス」と呼んだ。

一方、第二次安倍政権は発足当初は、日本の植民地支配と侵略に「心からのおわび」を述べた一九九五年の村山富市首相(当時)談話、そして日本軍「慰安婦」問題で旧日本軍の関与と強制を認めた九三年の河野洋平官房長官(当時)談話を見直そうとした。長く「無責任の体系」をとり、産業構造の転換に遅れてきた結果なのだが、近隣の中韓両国に追い抜かれつつある国民の屈折した感情を、戦争責任を曖昧にする歴史修正主義で解消しようとしたのである。しかし、次々と外国メディアの厳しい批判にさらされ、撤回を余儀なくされた。

北朝鮮の非核化問題でも、二〇一七年一〇月の衆議院選挙の前、八〜九月に、北朝鮮の弾道ミサイル実験に際してJアラート（全国瞬時警報システム）を鳴らして過剰に北朝鮮リスクを煽り、河野太郎外相も北朝鮮との断交を主張した。結果、米朝首脳会談を軸とする北朝鮮非核化問題では「蚊帳の外」に置かれてしまった。その直後、米朝首脳会談が実現すると、安倍首相は一転して「金正恩委員長と直接向き合わなければならない」と表明したが、圧力一辺倒の安倍政権には北朝鮮との強いパイプはなく、拉致問題で日朝首脳会談を実現する見通しも立っていない。

ナショナリズムを煽る安倍政権の政治姿勢は、世界で広がるポピュリズム（衆愚政治）と共通性を持つ。一九九七年の金融危機と同じように、政治でも周回遅れであるがゆえに、一周回って世界の先頭に立っている面がある。だが、第二次安倍政権のポピュリズムは、世界で席巻しているトランプ大統領をはじめとした移民排斥と極右ポピュリズムとは異なっている。

これまで日本の政治は独特な展開をたどってきた。まず、早い時期から労働組合や医師会・農協（農業協同組合）あるいは商店街などの職業団体や中間団体の影響力が落ちていった。とりわけ労働組合の組織率は四九年の五五・八％を頂点に長期的にずっと低下し、五三年に四割を切り、八三年には三割を切り、二〇〇三年にはついに二割を切って、一六年には一七・三％にまで落ち込んでいる。労働組合をバックにした社会民主主義の政権もコーポラティズムの政治も一度も誕生したことはない。加えて医師会・農協あるいは商店街なども衰弱していく。こうした中間団体の影響力の低下によって人々は個化していき、「政党支持なし」という無党派層を拡大させた。その意味で、メディアの流す情報の影響力が高まっていった。

その一方で、一九九四年に小選挙区制度が導入されて以降、地盤・看板を持つ二世三世の世襲議員が有利になり、当選回数を重ねて自民党の首相・閣僚の多数を占めるようになった。政治家は〝家業〟となり、それは社会的流動化の低下を象徴するものとなった。政治の劣化が進んでいった。

こうした中で、図3-1が示すように、「昭和」の時代は、投票率がしばしば七〇%を超えたが、バブルがはじけた九〇年代以降は、投票率が急速に低下していった。投票率が高まったのは、二〇〇四年の小泉政権期の「郵

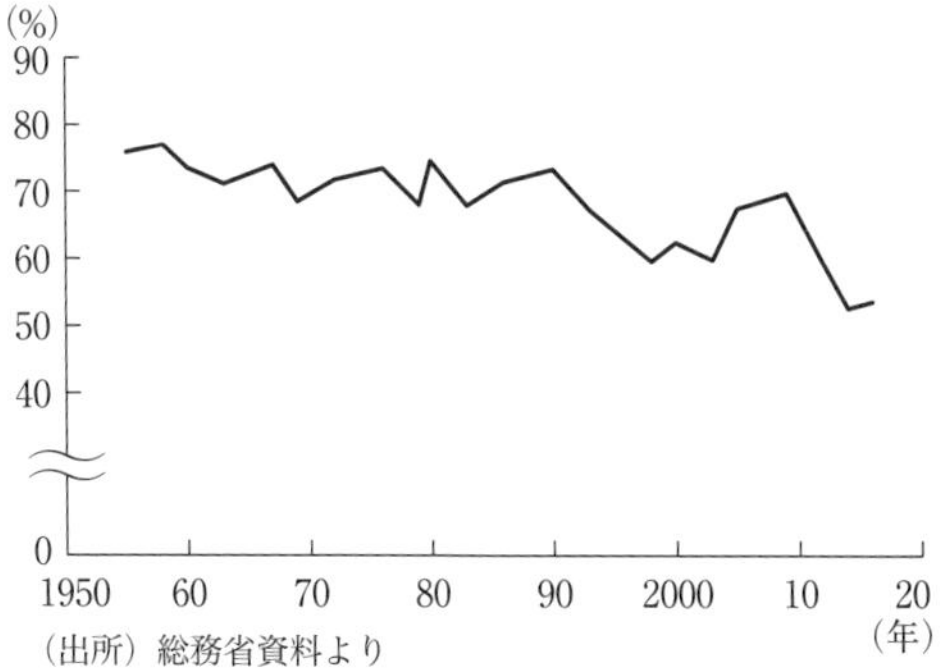

（出所）総務省資料より
http://www.soumu.go.jp/senkyo/senkyo_s/news/sonota/ritu/

図 3-1　衆議院選挙における投票率

政選挙」とマニフェスト・ブームで民主党へ政権交代が起きた〇九年の総選挙だけである。バブル崩壊後の長い経済停滞に有権者はいらだち、何らかの抜本的「改革」が必要であるという認識が広がっていた。「改革」をスローガンに掲げ、メディアを利用したポピュリズム(大衆迎合)の政治は「支持政党なし」の浮動層を動かし、それが一時的に投票率を上昇させたのである。逆に言えば、政党と政治家は、メディア政治を通した扇動型のポピュリズム以外に大きな支持を獲得できなくなっていった。それも、また政治の劣化現象のひとつである。

扇動型のポピュリズム的手法を使う代表格は小泉純一郎であった。「ワンフレーズ・ポリティクス」という短いフレーズで「郵政選挙」を仕掛け、反対する者を「抵抗勢力」として刺客を送り込んだ手法は、ブッシュの「テロリストの側につくか、我々の側につくか」という対テロ戦争でも用いられ、カール・シュミットの「敵/友」概念を想起させるものである。その後に現れたポピュリストたちも、小泉の手法の焼き直しであった。大阪市の職員組合を「敵」として、「大阪都構想」を掲げた橋下徹・元大阪府知事・大阪市長や、都議会自民党(とくに自民党都連幹事長)を「敵」として、築地市場の豊洲移転に待ったをかけた「都民ファースト」を掲げる小池百合子東京都知事が、地方政治を舞台にポピュリズム的手法を使った。

しかし、安倍首相はこうした手法を使いこなすほど演説や答弁の能力が高くない。後述するように、むしろ積極的に行動しない、投票には行かない、無力感とニヒリズムというマイナスの感情を引き出すという特異なポピュリズムを展開している。投票率が低下すればするほど、強い組織票を持つ公明党の力が発揮され、多数の議席を独占できるからである。そこで、極めて凡庸な三世議員でもできるポピュリズムが展開されていくのである。

バラマキのポピュリズム

第一は、「紙幣本位制」の下で通貨発行量を無限に増やして見せかけの景気を作り出し、極端なバラマキの政治の形をとっている。それは旧来の古い産業利害を潤す方向を向いている。前に述べたように、日銀が株や不動産投資信託を買うという異例の政策をとって、官製相場を作っている。つまり中央銀行が先頭に立って、株バブルと都心の不動産バブルを作り出すのである。それが内閣支持率を支える政権の生命維持装置になっている。

安倍政権の下で、森友学園への国有地払い下げの大幅値引き問題、加計学園の獣医学部新設問題、ペジー・コンピューティングの補助金詐欺問題、南スーダンに派遣されていた陸上自衛隊の日報問題、データ恣意的利用とデータ隠しに基づいて労働時間規制を外す「高度プロフェッショナル」制度の導入、毎月勤労統計をはじめとする統計不正。そして相次ぐ閣僚のスキャンダルなど、不正・腐敗疑惑が頻発しているにもかかわらず、株価が上昇し高止まりしていると、安倍内閣の支持率もなかなか下がらない。それゆえ、こうしたスキャンダルが発生する度に、株高で表向きの「景気のよさ」を演出するために、日銀にETF（指数連動型上場株式投信）を購入させているのである。そして、バブルを演出するかのように、東京オリンピック・パラリンピック、大阪万博を誘致した。パンとサーカスの政治である。

同時に、マイナス金利政策と国債の大量購入に支えられた超低金利政策は、倒産件数を減らす効果を持つ。民主党政権時の〇九年に亀井静香金融担当相の下に決められた中小企業等金融円滑化法の効果もあって、超低金利で借り入れをつないで行けば、本来なら潰れる中小零細企業が潰れないで済む。だが、金融機関は金利があまりに低いと、新しい事業への貸し付けリスクがとれないので、産業の新陳代謝をできなくする。こうして金利の市場機能が麻痺していくのである。

安倍政権は税金を集め、その税を使って支出して国民を統合するという、まっとうな政治の基盤を徹底的に壊してきた。安倍首相は、一二年六月に合意された民主党・自民党・公明党の三党合意に基づいた消費税引き上げについても、二度も延期した。一六年五月の伊勢志摩サミットでは、消費税増税延期を念頭に、「リーマンショック並み」の危機と言い、国際的なひんしゅくを買った。

二〇一四年四月に実施された消費税率五%から八%への引き上げの際にも、経済成長を損なわないためとして法人税減税が実施された。一四年には復興特別法人税の前倒し廃止、一五年は法人税率を二五・五%から二三・九%へ、一六年は二三・四%へ、一八年は二三・二%へと段階的に引き下げられている。この法人税減税に合わせて、租税特別措置や繰越欠損金の見直しや外形標準課税の強化といった課税ベースの拡大も部分的に実施されたものの、法人税全体では減収になった。一八年一〇月一八日に行われた野党五党による合同ヒヤリングでの財務省担当者の説明によれば、安倍政権になってから法人税減税による減収は五・二兆円になるという。

だが、その結果はどうだったか。結局、企業は内部留保を大幅に積み上げ、企業同士が受け取る配当収入を増やしただけである。しかも、法人税引き下げによって外国企業が日本への投資を増やす効果があったかどうかも疑問が残る。

二〇一九年一〇月に予定されている消費税の八%から一〇%への増税に際しても、クレジットカードなどを使ったキャッシュレス決済をすれば、増税二%分を超えて五%もポイントで還元する制度を東京オリンピックまで導入する予定である。それは三%の消費税減税を実施しているのと同じである。そして、カードを持たない人はポイント還元が利用できないことになると、今度は公明党が抜け穴をカバーするために低所得者向けプレミアム付き商品券の発行を提案している。さらに、住宅ローン減税の拡充や自動車税の軽減など「消費増税対策」を名目にしたバラマキオンパレードの様相を呈している。

さらに、消費税の逆進性緩和として、一兆円ほどの減収分の財源が確保されないまま、食料品などの税率を八%に据え置く軽減税率の導入が予定されている。しかし、その効果は疑わしい。一〇〜一一年にかけて出されたイギリスの財政研究所（Institute of Fiscal Studies）が出した「マーリーズ・レビュー（Mirrlees Review）」は、食品や子供服に関する付加価値税の軽減税率やゼロ税率は効果が薄く、廃止すべきだと提言している。若いときに低所得でも年齢があがると所得が高くなる人もおり、高所得の人は高い食費を支払っており、軽減税率はこうした層ほど減税効果が及ぶ。それゆえ、「マーリーズ・レビュー」は軽減税率やゼロ税率を廃止し、その税収増加分で失業手当や税額控除、あるいは低所得層への所得支援や住宅手当を行った方が、所得再分配効果が上がるとしている。

安倍政権のバラマキ・ポピュリズム（衆愚政治）は悪循環をもたらしている。政府は、まず社会保障財源が足りないから消費税増税が必要だという。ところが、消費税増税は消費を落ち込ませ景気を悪化させるからという理由で、さまざまな減税措置を導入する。こうしていつの間にか、成長で税収を増やして「成長の果実」で社会保障をまかなうという論理にすり替わってしまう。ところが、誤まった「成長戦略」ゆえに経済が成長せず、減収効果が効いて税収不足になる。そして、国民に社会保障や福祉の実感が届かないまま、また社会保障の財源不足が強調されるという具合である。

より根本的な問題は、日銀が赤字財政をひたすらファイナンスするポピュリズムの政策は、「失われた二〇年」の間そうだったように、決して経済成長をもたらさない（もたせるのが精一杯な）ので、永遠に日銀が国債や株を買い続けなければならないことである。それは、やがて麻薬漬けのようにして出口を失わせてしまう。そして、その通りになっている。その被害は若い世代に集中するのだが、この点については次章で改めて論じよう。

見せかけのポピュリズム

前に述べたように、安倍首相は〝ご飯論法〟（上西充子が命名した）と揶揄されるように、国会答弁でも質問にまともに答えられず、演説で人々を扇動する能力に欠けている。そのため、一三年は「三本の矢」→一四年は「女性活躍」→一五年は「新三本の矢」と「一億総活躍」→一六年は「働き方改革」「生産性革命」→一七年は「人づくり革命」というように、次々とスローガンを繰り出す「スローガン政治」を展開する。しかも、そのほとんどが政策目標を達成できていない。

「三本の矢」では「二年で二％」の物価上昇率目標を掲げたデフレ脱却は六年たっても達成されていない。「女性活躍」では女性管理職の割合は上昇せず、待機児童ゼロは統計の取り方を変えたりしても三年連続で増加している。「新三本の矢」の介護離職ゼロも同じである。前の政策目標がうまく行かなくなると、次の政策目標を打ち出すことで、前の政策の失敗を検証するゆとりを与えない。つまり、目まぐるしく「改革」のスローガンを変えることで、成果がないことを検証させないようにしているのである。

こうした「スローガン政治」は〝やっている感〟を演出するだけである。結果をつなぎ合わせていくと、嘘が連続するデマゴギー政治になっている。それが、極めて質が悪いのは、他方で選挙公約にない、特定秘密保護法、安保関連法、共謀罪法案などを強行採決していくのを覆い隠す役割を果たしているからである。

外交も同じような役割を果たしている。ほとんど成果がゼロなのに、メディアの批判能力が著しく低下しているので、それが〝やっている感〟を演出する効果を持つ。不正・腐敗スキャンダルや欠陥法案が表面化するたびに、安倍首相を筆頭に閣僚の答弁能力が低いことが露呈し、都合が悪くなると、外遊で逃げる。そして、不正・腐敗スキャンダルや欠陥法案の問題点の追及が中断される。メディアが、その追及をかわす役割を果たすのである。

実際、安倍首相ほど「外遊」をする首相はいない。一八年までに「外遊」は七〇回近くにも及ぶ。そこで、安倍政権は各国首脳らとの関係強化を演出したりして政権への求心力を維持しようとしてきた。トランプ大統領との「ゴルフ外交」はその典型である。しかし、その外交はほとんど何も成果を上げていない。

安倍首相は、政権発足直後から「原発セールス外交」を展開したが、ベトナム、台湾、リトアニアと建設中止ないし中断が相次ぎ、トルコへの原発輸出も建設費が倍増し、結局、三菱重工は断念した。イギリスでは建設費が増加し、資金調達のめどが立たず、米建設大手のベクテルが撤退したが、日立製作所は、結局、三〇〇〇億円の損失を計上した。しかし、経団連会長も務める中西宏明日立会長の責任は問われていない。原子力ルネサンス路線は東芝の深刻な経営危機をもたらしたが、原発輸出路線は完全に破綻しているのに、メディアはほとんど批判しない。

つぎに、北朝鮮問題では完全に「蚊帳の外」に置かれていることは明らかである。六か国協議を行った国で唯一首脳会談を拒否してきたのは安倍政権だけである。一七年夏、総選挙前に、

Jアラートを繰り返し鳴らし、「最大限の圧力」を叫び、イージスアショアなど攻撃的兵器を買い、それを憲法「改正」論に利用し、自らがロシア訪問中にトランプが会談中止を言った際にも、即座に「世界でたった一か国」だけ支持すると「自慢」する始末であった。直後、トランプ大統領は例のディールの手法で、北朝鮮側が核実験場を爆破して閉鎖し、拘留していたアメリカ人を釈放して譲歩してくると、一転して会談実施へと動いた。「緊密に連携」していると繰り返してきた安倍政権は、完全にはしごを外された形である。

森友・加計問題で厳しい追及を受けている最中の一八年六月七日に、慌てて訪米した安倍首相に対してトランプ大統領は「拉致問題を提起した」としたものの、結局、自ら交渉せざるをえない立場に追い込まれた。だが、日朝首脳会談が開ける見通しは立っていない。

さらに、日米貿易交渉では安倍首相は貿易問題でもっと譲歩を迫られた。一二年一二月の総選挙では自民党は「TPP（環太平洋経済連携協定）交渉参加に断固反対」だと公約したのに、公約を破ってTPP交渉に入った。今度はトランプ政権がTPPを離脱し二国間FTA（自由貿易協定）交渉を求めてくると、残る一一か国でTPP合意を図り、トランプ政権をTPPに引き戻すとしてきた。ところが、九月二六日に日米首脳会談でトランプ政権に事実上の二国間FTA交渉で押し切られてしまったのである。

失敗を言い逃れるために、日本政府はFTAではなくTAG(物品貿易協定)だと主張する。しかし、共同声明文にも、アメリカ大使館による共同声明の和訳にもTAGの文言はない。「サービスを含むその他重要分野」も「投資」についても交渉するとある。マイク・ペンス副大統領は日米FTA交渉に入ったと明言する。多くの外国メディアもそう報じている。そもそもWTOの第一章第一項で「最恵国待遇」が規定されており、FTAにはその例外が認められる。もしTAGがFTAでないというなら、最恵国待遇の原則によって、日米二国間貿易交渉で合意された内容はすべてのWTO加盟国に適用されてしまう。それでは、農産物は丸裸にされてしまうことになる。もはやアメリカ大統領との「蜜月関係」を演出するだけの物言わぬ「外交」では、「米国第一主義」のトランプ外交には通用しないことは明らかになっている。

対ロシア外交でも、一八年九月一二日に、ウラジミール・プーチン大統領に、北方領土問題を事実上棚上げにする「前提条件なしの平和条約締結」を主張され、その場で反論さえできなかった。それをごまかすために、十分な議論なしに歯舞諸島と色丹の「二島返還論」を持ち出し、これまでの四島返還の原則論から批判を受ける一方、ロシア側からは二島の主権もロシアにあると主張され、容易には進捗しない状況に陥っている。

このように、安倍政権のポピュリズム(衆愚政治)は、内政では失敗の検証を受けないように次々と政策スローガンを並べ立て、国内で不正疑惑や法案の欠陥を追及されるたびに、外交でも次々と失敗を検証されないように「外遊」を繰り返して〝やっている感〟を見せかける手法を用いている。しかも、外交も成果がほとんどなく、失敗を重ねている。

無力化のポピュリズム

第三は、安倍政権のポピュリズムは、前に述べたように、人々を煽る扇動型ではなく、人々を諦めさせる黙従型の衆愚政治である。安倍首相は人々を煽り動員する演説の能力を持たないがゆえに、人々が仕方ないと諦めさせるように動いている。それが、多くの世論調査で示されているように、安倍内閣支持で最も多いのが「他にいないから」という消極的な支持であることに現れている。逆に言えば、民進党の分裂に示されるように、野党の弱体化に助けられている。

首相官邸において、その中枢を担うのは、今井尚哉首相秘書官を筆頭とする経産省原子力ムラと、公安警察出身の杉田和博官房副長官と外事警察出身の北村滋内閣情報官らである。彼ら側近が中心になって、原発再稼働・原発輸出路線が推進され、特定秘密保護法、安保関連法、「共謀罪」法（組織的犯罪処罰法改正）など、公約にない法律を国会通過させてきた。

とくに、特定秘密保護法や「共謀罪」法は、メディアを含む言論の自由と民主主義を壊す危険性を秘めている。先に見たように、内政も外交もほとんど政策目標を達成しておらず、それに対する批判を封じるために、直接間接にメディアに介入する。一六年二月の衆議院予算委員会で、高市早苗総務相(当時)が「政治的公平」を謳った放送法第四条に違反すれば、電波停止がありうると発言したのは最も露骨な事例のひとつである。多くは、メディア内部における「自粛」と「忖度」が働いている。その結果、アベノミクスや原発に対する批判的言説は大手メディアからはほとんど消えてきている。実際、NGOの「国境なき記者団」が発表する「報道の自由度ランキング」では、一〇年(鳩山政権期)の一一位から第二次安倍政権が始まった一三年には五三位に転落し、一七年には七二位まで地位を下げている。

その上で、安倍政権は、立法、行政、司法という三権の民主主義基盤を次々と壊している。安保関連法では、それに先だって集団的自衛権の解釈改憲を閣議決定で行ったうえで、国会で強行採決した。立憲主義そのものの破壊である。野党の力不足もあって、特定秘密保護法も「共謀罪」法も働き方改革関連法も改正入管難民法も、十分な審議もないまま欠陥法案でも強行採決で決まっていくようになっている。

行政府の官僚制も、公安警察出身の杉田官房副長官が局長を務める内閣人事局が六〇〇名あまりの官僚の人事権を握ったために、官僚は政権への忖度を行うようになった。それは公文書改竄《かいざん》にまで及んでいる。森友問題では、佐川宣寿理財局長(当時)は公文書改竄に深く関わっていると疑われており、しかも近畿財務局職員の自殺まで引き起こしながら国税庁長官に昇進し、責任を問われることなく退職金を得た。国交省の提出した写真データは地中の深さが異なるとの指摘がなされている。加計問題では文科省が文書を隠し、内閣府の国家戦略特区ワーキンググループの議事録改竄が起きている。働き方改革関連法では、厚労省は裁量労働制の調査データを恣意的に作り、賃金統計も政権に都合が良いようにサンプリングを変えた。そして毎月勤労統計でも不適切処理が行われていたことが発覚している。入管難民法改正案に際しては、法務省によって外国人技能実習生の失踪者調査のデータが作り変えられている。日銀から内閣府にGDP統計について疑義が出されている。公正な行政という観点から言えば、官僚制は実質的に壊れてしまったと言える。もはや政府発表は大本営発表と変わらない。実際、公文書や統計データを改竄することができれば、いくら政策が失敗してもごまかすことができるのである。

検察行政は、福島第一原発事故を引き起こした東京電力経営陣に始まり、大臣室で現金を授受した甘利明経済再生相(当時)をはじめ、不正・腐敗を行った政治家・経営者を次々と免罪していった。そして、閣僚による政治資金規正法違反、公選法違反は当たり前となり、一昔前には辞任に追い込まれたのに、今は謝罪会見と返済で終わりになる。これにつれて、法務省において検察と人事交流が行われて、裁判所にも忖度が波及するようになっている。

こうした状況の下では、大臣がいくら不正をしても「またか」、官庁が公文書やデータをごまかしても「またか」、まともに審議せずに国会で欠陥法案を強行採決しても「またか」になり、慣らされていく。それによって諦めとニヒリズムというマイナスの感情が引き出される。さらに、沖縄では辺野古新基地建設に反対する候補が知事選で勝とうが、衆議院選挙で反対派が勝とうが、県民投票で七割が反対しようが、安倍政権は沖縄県の民意を無視して、移設工事を強行する。投票も議会も事実上必要ないことに人々を慣らしていくプロセスが進められている。一つ一つは「小さな出来事」のように見えて次があると思っているうちに、引き返せなくなっていくのである。

安倍政権の特異なポピュリズムは目先ではうまくいっているかのように見える。しかし、当面の政権維持のために「我が亡き後に洪水よ来たれ」という究極の無責任に陥っており、行き着くところまで行く政策からは未来に明るい展望は出てこない。いまや「二年で二%」の物価上昇率目標も「デフレ脱却」も誰も口にしなくなり、未来を犠牲にしてますます出口を失いながら、延々と財政赤字を垂れ流して経済を何とかもたせている状態に陥っている。状況はしだいに敗戦濃厚な戦時財政と似てきており、日本の経済と社会を破滅に追い込んでいく危険性が高まっている。

第4章
終わりの始まり

1　出口のない〝ネズミ講〟

失敗するアベノミクス

安倍政権の政策を見ることで、「平成」の最後を総括しよう。これまで「失われた三〇年」の過程を見てきたが、マクロ政策の景気対策とミクロ政策の「構造改革」の間を振り子のように振れながら、いまや当面もたせるだけの政策をより一層強めないと、現状を維持することさえできない状況に陥っている。実際、アベノミクスと呼ばれる政策メニューに新しさはない。新しさがあるとすれば、これまで失敗してきた政策を寄せ集め、大規模化した点であろう。それゆえ、失敗の上塗りはどこまでも続くことになる。それがアベノミクスの本質であり、それは「終わりの始まり」を意味する。

安倍政権は、前章で述べたように、バラマキ、見せかけ、無力化という三種のポピュリズムを使い分けている。その基盤にあるのは、出口を考えない中央銀行の「信用創造」である。日銀は、インフレターゲット論に基づいて、「二年で二%の物価上昇率」を政策目標に掲げ、マネタリーベース(現金+日銀当座預金)を二年間で二倍にし、長期国債の保有量を二倍超とした。だが、デフレ脱却の目標は達成できず、達成時期を六回延長したあげく、二〇一八年四月二七日の金融政策決定会合において、ついに達成時期そのものを「経済・物価情勢の展望(展望リポート)」から削除してしまった。

その結果、日銀の国債保有量は、リーマンショックがあった〇八年は四二兆円、「異次元の金融緩和」導入直前の一三年三月二〇日時点でも約一二五兆円だったが、一九年三月一〇日には約四七八兆円になっている。株式(ETF=指数連動型上場投信)は一三年三月二〇日の約一兆五〇〇〇億円から一九年三月一〇日には二四兆四七六四億円に膨張している。日銀の国債保有、株式保有は歴史上かつてない異常な水準に達し、日銀の資産は約五六四兆円で、GDPとほぼ同じ規模に達した。その間に、国の借金は一三年度の九九一兆円から一七年度(一八年三月末)には一〇八七兆円に増加した。GDP比で見れば、これは戦時中の水準に匹敵する。

さらに一六年二月には、日銀はマイナス金利を導入した。当座預金のうち、基礎残高には〇・一%の金利が付くが、マクロ加算残高を除いた政策金利残高から手数料をとるマイナス金利を適用したのである。金融緩和を拡大しても貸出しが増えず、日銀の当座預金に貯まり込むからである。だが、後述するように、実態としては大手銀行にはマイナス金利は適用されてお

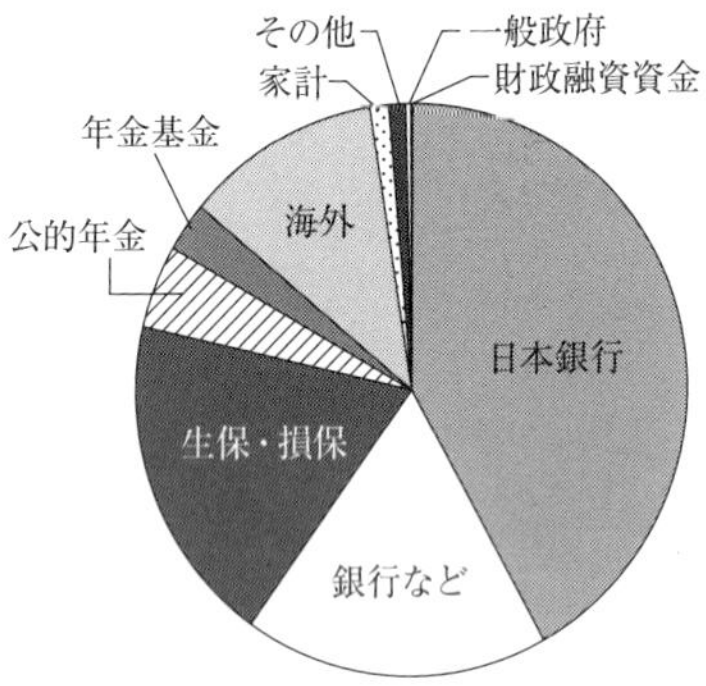

（出所）日本銀行「資金循環統計」より

図4-1　国債および国庫短期証券の所有主体別割合（18年6月末）

らず、一〇年債以下の国債に適用されている。

この超低金利政策は銀行、とりわけ地方銀行の貸付金利息収入を減少させ、経営を困難に陥れている。日銀が銀行などから国債を購入すると、日銀の当座預金勘定に振り込まれるが、最近、銀行は国債離れをしている。過去の金利が高かった時の国債を手放す動機が働かない中で、日銀の国債購入量に限界が出始めているからである。にもかかわらず、大手銀行の利付き当座預金は増えている。その中で、一八年一二月末において当座預金残高は三八九兆円に積み上がっている。それを背景に、日銀はETFを大量に購入しているのである。こうして、中央銀行が保有する資産が異常に膨らんで出口を失うとともに、国債市場や株式市場は次第に麻痺状態に陥り始めている。

図4-1は、二〇一八年六月末の国債保有者の内訳を示している。日銀は「異次元の金融緩和」によって四二・三%を占める最大の買い手になっている。前年と比べると、日銀は国債保有を約七%も増やしている。その一方で、銀行などの国債保有比率は落ちてきている。一七年

九月末で二〇・三%を占めていたが、一八年六月末には一七・九%に減っている。逆に、海外投資家の保有残高は一七年九月末で六・一%だったが、一二月末には一一・五%に増えている。日米金利差の拡大もあって、一八年に入って、日銀の国債買い入れには応札がなく債券市場で一〇年もの国債に値がつかない事態が七回も起きている。日本の国債市場は、国債が流動性を失い、麻痺状態に陥っているのである。

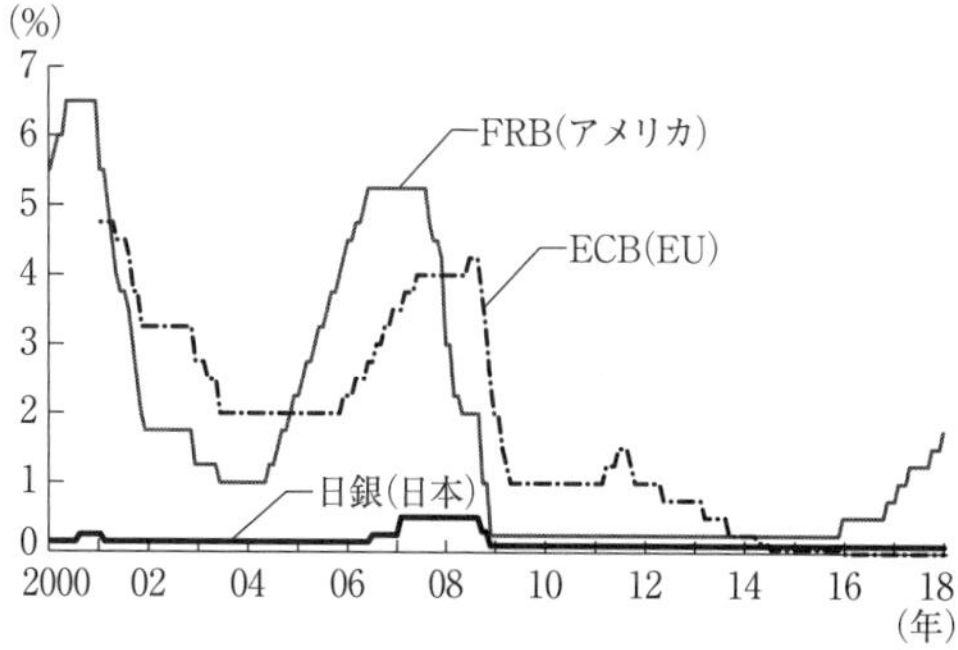

(出所) 内閣府「年次経済財政報告」より

図4-2　日欧米の政策金利の推移

さらに、図4-2が示すように、日本だけゼロ金利政策が長引き、日銀の政策金利はずっとゼロに張り付いたままである。その後、リーマンショックとともに、アメリカのFRB(連邦準備制度)もEUのECB(欧州中央銀行)もゼロ金利に陥っていった。一九九〇年代の不良債権処理において、経営者や監督官庁の責任を問えなかったことが、財政赤字を膨張させ続け、金融市場を麻痺させていった。先進諸国の中央銀行すべてがバブルをコントロールするどころか直接、株や不動産を買い支えなければならなくなった。中でも特筆すべきは、アメリカのFRBがゼロ金利から抜け出す中で、日銀の場合は泥沼のように、ずっと政策金利がゼロパーセントに張り付いている点である。

出口がない

安倍政権は、もはや「デフレではない」状況を作り出したと言い出している。だが、二〇一九年二月の消費者物価上昇率(総合指数)は〇・二%、生鮮食品を除く消費者物価上昇率は〇・七%、生鮮食品とエネルギーを除く消費者物価上昇率は〇・四%にとどまっている。消費者物価の上昇は金融政策の効果というより、トランプ大統領のイラン制裁を契機にした石油などエネルギー価格上昇の影響が大きい。しかも、毎月勤労統計は、加藤勝信厚労大臣(当時)の下で、サンプルを一部変更して名目賃金が突然、一七年八月〜一八年六月まで増加し続けたにもかかわらず、一七年の実質賃金はマイナス〇・二%になった。円安に伴う緩やかな物価上昇が人々の消費を増やし、経済の好循環をもたらしているとは言えない状況が続いている。

そもそもデフレ脱却が達成できたというなら、なぜ日銀は大規模な金融緩和を続ける必要があるのか、説明がつかない。実は、後述するように、日銀の金融緩和政策は、〃出口のないネズミ講〃のようになっている。デフレ脱却の失敗は明らかなのだが、もはや、止めるに止められないのである。

アベノミクスが〝出口のないネズミ講〟なのは、日銀が金融緩和を止めたとたん、国債価格が下落して金利が上昇し、日銀を含む金融機関が大量の損失を抱え込んでしまうからである。一六年に財務省が行った試算によれば、金利が一％上がれば、国債の価値が六七兆円も毀損してしまう。また一七年一月の財務省試算では、金利が一％上昇すると利払い費などを含めた二〇年度の国債費が三・六兆円増、二％上昇すると七・三兆円増になるという。一七年度末の国の財政赤字は一〇八七兆円に達するのに国債利払い費は一〇・一兆円(国債費は二三・五兆円)にとどまっており、財政破綻せずにすんでいるのは、日銀がより高い価格(より低い金利)で国債を買い入れているためなのである。日銀が国債の購入を止めれば、金利が上昇して国債利払い費を膨張させ、予算が組めなくなる。国債発行を増加させれば、金利が上昇しているので、国債の一層の累積をもたらすのである。

同時に、日銀が国債の購入を止めれば、国債の価値が毀損して日銀自身を含めて金融機関や年金基金も巨大な損失を抱えてしまう。金利が一％上昇すれば、一七年三月末時点で日銀の損失は二四兆円、九月時点で二六・五兆円に達する。そして年金基金や金融機関も多額の損失を抱え込むことになってしまう。日銀信用を総動員して財政赤字をファイナンスし続け、行けるところまで行くしかない状況に陥っている。その意味で、〝出口のないネズミ講〟なのである。ところが、安倍政権は、日銀の政策委員を「リフレ派（インフレターゲット派）」で固めて、政策の失敗に対する根本的な批判を封じ込めてしまった。

生命維持装置としての官製相場

日銀は、国債だけでなく大量の株を買って株価を維持している。二〇一九年三月一〇日時点で、日銀がもつETFは二四兆四七六四億円、信託預かりの株式も八八九二億円もっている。いまや日銀がもつETFは全体の四分の三に達している。

中央銀行がリスク資産である株を大量に買うのも歴史的にみて異常事態である。いまや、日銀が株価維持を止めたとたん、株価が急落しかねないので、止めるに止められない。日銀による株式購入もまた〝出口のないネズミ講〟に陥っているのである。

加えて、GPIF（年金積立金管理運用独立行政法人）や三つの共済年金などが国内株式運用比率を二五％に増やし、株買いをしている。GPIFと共済年金は、一七年末で日本株の保有残高が五四兆三四五七億円、外国証券も七二兆三八五四億円である。年金基金を使って円安・株高を作り出しているのである。ゆうちょとかんぽ生命と合わせて、六頭のクジラが株を大量に買って株価を支えている今の株式市場が「官製相場」と言われるゆえんである。株価が暴落すれば、大量の損失が生じ、これも国民負担になっていく。

では、なぜ日銀がリスク資産である株式を大量に買い込むのか。表面上、景気を良く見せるという効果もあるが、それだけではない。まず、企業の株高に依存する度合いも高まった。金融資本主義の下では、企業自身が売買の対象になるようになったからである。一九九〇年代末に国際会計基準（ＩＡＳ）が導入されたが、この新基準では時価会計主義がとられ、その時点で企業が持つ資産価値を時価で表すようになった。企業自らの株式価値とともに、企業が持つ株式価値が高いほど買収されにくくなり、相手を買収しやすくなる。企業は自らの株式価値を高めるには、①非正規雇用を増やして雇用を流動化して労働費用をできるだけ可変費用化する、②内部留保を増やし、自社株買いを行って一株当たりの利益率つまり自己資本利益率（ＲＯＥ）を上げる、③株式配当を増やす、ことが必須になった。

しかも、企業同士が株を持っていると、二重課税を避けるため、その配当は益金不算入になり、法人税がかからないので利益をためこむ効果を持つ。本業の国際競争力が低下する中で、株価が上がれば上がるほど、買収されにくくなるとともに、配当金を出し合って税負担を免れて利益を膨ませて、内部留保を貯えるメカニズムが働いているのである。

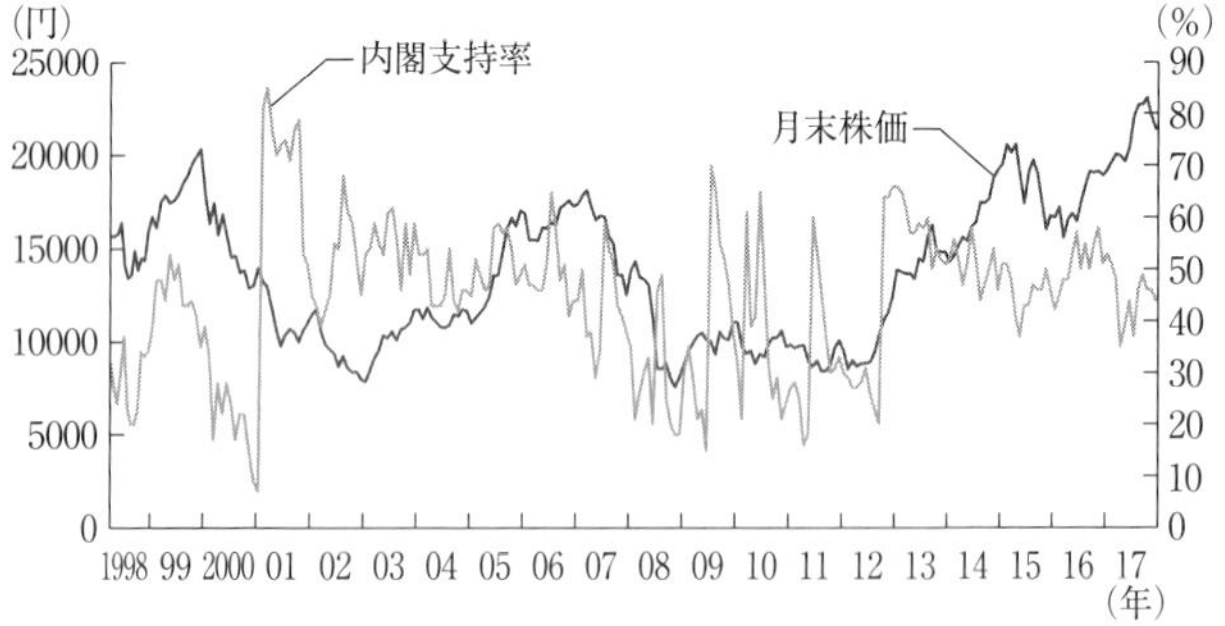

(出所) 日経平均株価の月末終値は「日経プロフィル」より，内閣支持率はNHK放送文化研究所「政治意識月例調査」より作成

図 4-3　株価と内閣支持率

法人企業だけでなく、個人株主を潤わすこともあり、一九九七年の金融危機以降、株価と内閣支持率が連動するようになった。図4-3は、そのことを示唆している。前にも述べたように、いまや景気循環はバブル循環になった。まず、九七年一一月にバブルが本格的に崩壊して株価下落に伴い、内閣支持率が下落した。そこで二〇〇一年四月に小泉純一郎政権が誕生するや支持率は八〇%を超えた。だが、イラク戦争が起きるプロセスで株価が下落していくと、さすがの小泉政権も支持率が落ちていく。しかし、イラク戦争後のリバウンドで株価が上昇を始めると、支持率は高止まりする。

ところが、年金記録の消失が問題化する中で、〇七年七月末の参議院選挙で与野党逆転が生じ、八月にBNPパリバ傘下のヘッジファンドが閉鎖するパリバショックが起きて株価下落が始まったため、九月二五日、安倍首相は「体調不良」を理由にして辞職した。そして、リーマンショックが起きて以降、株価はずっと低迷する。一見すると、その後は株価と内閣支持率は関係を失うように見えるが、それは政権が頻繁に交替するようになったからである。実際、安倍晋三(第一次)、福田康夫、麻生太郎、そしてリーマンショックを契機に、民主党政権が誕生しても、鳩山由紀夫、菅直人、野田佳彦と一年前後で内閣が交替するようになった。内閣が替わると、内閣支持率が上昇するが、株価が低迷していると、すぐにその支持率ははげ落ちてしまうのである。そして第二次安倍政権は、第一次政権の失敗を踏まえ、日銀にETFを買わせ、株価を支えるようになった。実際、第二次安倍政権は政策的にほとんど成果を上げていないにもかかわらず、内閣支持率は高止まりしている。

かつてウィリアム・ノードハウスやエドワード・タフトが「選挙循環」という議論を展開した。景気循環が実体経済中心の時代には、選挙前に景気対策をするために景気がよくなり、選挙が終わると、物価上昇を抑えるために景気が後退するという具合である。それが金融資本主義の下で、日本では株価と内閣支持率が連動するようになったのである。とりわけ第一次安倍政権の崩壊の経験は、株価維持が政権の生命維持装置であると意識させ、日銀を筆頭にして、中央銀行や年金基金にリスク資産である株を大量購入させるという異常な政策をもたらしたのである。

歪んだバブル

日銀による株式の大量購入は、中央銀行が先頭に立って株バブルを作り出すことを意味する。しかし同時に、それは、中央銀行が株式の市場機能を麻痺させ、歪んだ株式市場を作り出していることを意味する。異常事態である。

まず、株価水準は実体経済と乖離した。図1-4で見たように、主要先進国の中で、日本は際立って経済成長率が停滞しており、世界経済での日本の地位の低下は著しいが、株価だけがバブル期並みの水準に上がっていった。

しかも、日銀の株式の大量購入と官製相場によって、外資系ファンドの格好の餌食になっている。東京証券取引所(東証)のデータで株式の保有主体別に見ると、外国人の保有比率は約三割だが、東証一部の売買取引を見ると、たとえば、一九年一月で海外投資家が約七〇%を占めている。売買の約六~七割を外国人が占めているのである。

日銀や年金マネーなどが株高を支える日本市場は、外資系ファンドにとって動きを読みやすく格好の餌食である。相場が下がれば日銀が買い支えるので売り抜けられるし、空売りを仕掛けて大儲けもできる。実際、東証の空売り比率も一八年一〇月では約五割に達している。その後、漸減したものの、一九年一月でも四割弱を占めている。

さらに、CTA（Commodity Trading Advisor）という、株式、債券、商品、為替などの先物取引に関する膨大なデータを収集し、情報工学とAIを駆使して、その変動（トレンド）を追いかけて差益だけを狙う「さや抜きファンド」の取引が急増している。それは、経済実態とも連動せず、企業の評価でもなく株価水準そのものでもなく、トレンド取引なのでオーバーシュートを引き起こしやすい。超高速取引によって、上昇傾向にある時はより早く買い、下落傾向にある時はより早く売り抜けるのである。こうしたファンドが株式市場・金融市場を支配するようになってきており、株価はより近視眼の動きを強めている。

日銀がバブルを作り出しているのは株だけではない。不動産投資信託も一九年三月一〇日時点で五〇八七億円も買っており、不動産価格の上昇も著しい。ただし、図4-4aと図4-4bの公示地価の動きが示すように、地価上昇は大都市圏の商業地に集中して起きている。それ以外では、地方の中核都市での貸家建設が伸びていたが、地方圏や住宅地の地価上昇はそれほどでもない。超低金利政策が銀行経営を圧迫し、バブル期並みの不動産融資の増加をもたらしているが、都心だけの局所的バブルにとどまっている。

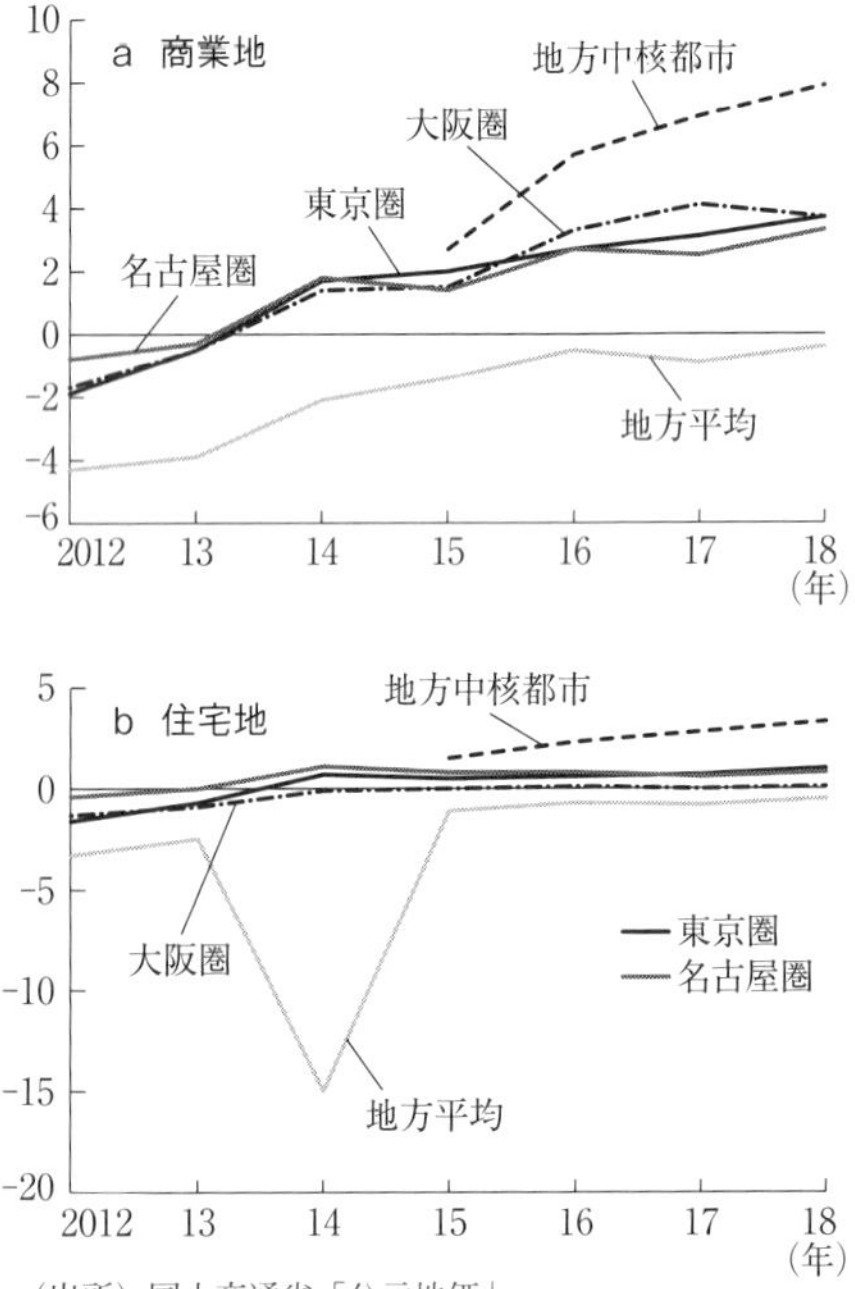

(出所) 国土交通省「公示地価」
(注) 地方中核都市とは，札幌，仙台，広島，福岡をさす

図 4-4　公示地価変動率

こうしてみてくると、バブルを作り出す日銀の〝出口なきネズミ講〟の仕組みが見えてくる。まず、日銀は大量に国債・株・不動産投資信託を購入して、カネ余り状態をもたらし、バブルを作り出そうとする。一六年二月以降、当座預金のうち〈基礎残高〉には〇・一%の付利を銀行などに提供しながら、ゼロ金利が適用される〈マクロ加算残高〉をクッションとして置いて、〈政策金利残高〉から手数料をとるマイナス金利政策を導入した。だが、実際には、日銀はその基準比率を操作し、大手銀行にはマイナス金利は適用されず、しかも大手銀行は国債離れをしているにもかかわらず、利付きの当座預金を着実に積み上げ、儲けさせている。

その一方で、これまで見たように、日銀はその預金をバックにしてETFを大量に買って株価をつりあげる。日銀の持つETFは、日経平均株価が二万四〇〇〇円を超えた一八年九月末段階で簿価では約二一兆六五〇〇億円だが、時価ベースでは約二八兆九六〇〇億円になっており、含み益が約七兆三〇〇〇億円も上がっている。つまり、銀行が国債離れをして国債買取額が縮小しても、日銀は銀行からの預かり金を年四〇兆円ペースで増やしていく。その預かり金でETFを買って、株価をつりあげる。その間、国債利息と信託運用益で当座預金の金利を払うと、バランスシート上では釣り合う形になる。しかし、株価が大きく低下すれば、たちまち「含み損」を抱えてしまう。日銀自身が、歪な「信用創造」を使って株価をつり上げており、非常に脆い「含み益」経営に陥っているのである。もちろん、このような中央銀行自らがバブルを作り出す金融政策に持続可能性はない。

中央銀行の「死」

二〇一八年に入って金融市場は不安定化している。一八年二月二日と同月五日に起きた株価暴落に続いて、八月一〇日にはトランプ政権のトルコ制裁を契機にして新興国の通貨暴落が起きた。一〇月一一日から一二日にかけて、そして一二月二五日から一九年の初めにかけて世界同時株安が起きた。株や為替市場で繰り返される暴落は世界経済の変調を示す予兆のように見える。

アメリカではFRBが利上げ政策をとり、トランプの大型減税で財政赤字が膨らむ中で、長期金利上昇圧力がかかった。世界中で民間債務の増加が著しい下で、長短の金利上昇がアメリカ国内の住宅や自動車販売や雇用にブレーキをかけ始めている。そこで、トランプ大統領がFRBに圧力をかけ、一九年三月二〇日の連邦公開市場委員会(FOMC)は利上げを停止せざるをえなくなった。その一方で、トランプ大統領が「米国第一主義」を掲げ、自国に有利になるように次々と保護関税を課す中、GDP世界一位のアメリカと世界二位の中国との間で、激しい貿易戦争が起きている。一定の妥協が成立するとしても、対立はしばらく続くだろう。

欧州も不安定である。イギリスのEU離脱はイギリス経済を落ち込ませるだろう。一八年九月には、イングランド銀行が、「合意なきEU離脱」の場合、住宅価格が三五%下落するとし、一一月にはリーマンショックを上回り、英国経済は毎年八%縮小、失業率は七・五%に上昇するとの予想を公表している。EUとの合意ができないまま、イギリス議会は方向感を失っている。イタリアでは、五つ星運動と同盟(旧北部同盟)の極右政権が、財政赤字拡大を打ち出し、EUと対立している。ヨーロッパでは大手銀行のバークレイズ銀行やドイツ銀行の経営不安が伝えられており、金融危機に発展する危険性も眠っている。

一方、国内では、東京オリンピックが終わると、それまで流入してきたヒトやカネが急激に引いて行くので、不動産バブルがはじけて景気が後退することが懸念されている。一八年下期から不動産取引は減少しており、オリンピック前に、投機目的で買っている国内外の投資家が売り抜け、マンションや貸家バブルの破綻から大幅な値崩れが始まっていく可能性もある。銀行は、超低金利の下で貸付利息収入が極端に縮小しており、みずほ銀行が一八年度決算で六八〇〇億円の損失を計上したが、経営が苦しくなっている。とりわけ地方金融機関は、シェアハウスの審査を甘くしたスルガ銀行のように不動産融資に傾斜しているところも少なくない。地方銀行や信用金庫を中心に金融機関が経営困難に陥り、引き取り手のない地銀・信金が出てくる危険性がある。そうなった場合、ただでさえ疲弊している地域経済は一層の困難に陥るだろう。

もちろんバブルの崩壊によって金融危機が再来する可能性だけでなく、金融危機にならなくても大きな景気後退で中小金融機関の経営悪化を招き、日本経済が停滞局面になる可能性もある。あるいは、新興国に深刻な経済危機を招き、世界経済が停滞するかもしれない。いずれにせよ、これまで六年半近くの長きにわたって異常な金融政策を続けてきた日銀は、すでに述べたように〝出口のないネズミ講〟に陥っており、バブル崩壊や深刻な不況が起きた場合に「打つ手」がなくなってしまう。FRBとは対照的である。

金融危機が起きた場合は、円安株高依存の日本経済は脆い。リーマンショックに際しても、日本の金融機関はほとんどサブプライムローン絡みの証券化商品を買っていないにもかかわらず、先進諸国中で最も大きな落ち込みを見せた。地域経済が疲弊し、格差と貧困が広がって、内需が細ってしまったからである。

もし金融危機が起きた場合、リーマンショックと違うのは、アベノミクスで膨れ上がった日銀が保有する国債やETFなどの資産が巨大な損失に化けてしまい、バブル崩壊に伴って、最後の貸し手である中央銀行自身が債務超過に陥る危険性が高いことである。後述するように、日銀はマイナス金利で国債を大量に買っており、潜在的損失を抱えている。加えて、二〇一九年二月二七日の衆院財務金融委員会において、黒田日銀総裁は、一八年九月時点でTOPIX（東証株価指数）が一二五〇ポイントを下回ると、含み損となると述べた。日銀信用を守るためには、政府が日銀資産を買取機関でも設けて引き受けるしかなかったり、日銀に公的資金を入れたりということになりかねない。それは結局、年金の損失なども含めて国民負担になっていく。そうでない場合も、急激に金融緩和を止めることはできないので、深みにはまればはまるほど、金融を正常化するのに非常に長い期間を要することになる。その間に、また対外ショックが起きない保証はどこにもない。

いざ金融危機や激しい対外ショックが起きれば、異次元緩和策によって、日銀は、金融市場の機能だけでなく、中央銀行としての本来の政策基盤を自ら壊してしまったことが露呈することになる。金融機関の経営危機の際に、「最後の貸し手」である中央銀行が事実上の「債務超過」に陥ってしまうからである。

教科書的に言うと、中央銀行は、銀行の決済システムの中枢にあって、三つの政策手段を行使して金融政策を実行する。

一つは、政策金利を通じた金利誘導だ。金利操作を通じて、個人や企業の借入れと預金、つまり投資や消費と貯蓄に影響を与えることでマクロ経済全体に影響を及ぼす。

二つめは、国債の買いオペ、売りオペを通じて、通貨供給量をコントロールする。市中銀行から国債を買い上げると、金融機関に資金が流れる。

三つめは、預金準備率の操作である。市中銀行が日銀へ資金を預ける法定準備率の比率を上下させることで、銀行の信用量を調整する。

ところが、およそ六年に及ぶ「異次元緩和」によって、この三つの政策手段は機能不全に陥っている。まず、政策金利はゼロが続き、金融的ショックが起きても、利下げなどで需要を喚起することはもはやできなくなっている。さらに仲介機能を果たす金融機関は、低金利で利鞘を稼げなくなり、経営が苦しい。実際、地銀の半数が赤字で金融不安さえ起こりかねない。金利政策が効かないどころか、中央銀行本来の役割である〝金融機関の信用秩序〟を自ら破壊しているようなものである。

つぎに、通貨供給をさらに増やそうにも、国債の買いオペは、すでに日銀が四七〇兆円以上の国債を買い込んだ結果、国債取引そのものがしばしば成り立たなくなる状況が生まれている。

さらに、預金準備率の操作も、日銀の当座預金に四〇〇兆円近くも〝ブタ積み〟になっており、すでに〝麻痺状態〟である。

結局、あとに残された手段は赤字財政のファイナンスだけになる。とりわけ、安倍首相による「政治任用」に近い黒田総裁下の日銀は、政権の生命維持装置化しており、中央銀行の独立性を完全に失っている。無理を継続していけば、財政法第五条が禁じている日銀による国債の直接引き受けに追い込まれる可能性がある。この壁が突き破られれば、事実上、戦時経済と同じ状況になる。そして、日銀が財政赤字をファイナンスしている間に、二〇年代後半に向けて産業衰退が一層加速することになる。後で詳しく見るが、それは政府の財政健全化計画を根底から覆すことになる。

2 経済・財政危機の発生経路

甘い見通し

安倍政権は、財政健全化は事実上放棄し、すべてのツケを未来の世代に先送りしようとしているように見える。これまで、政府の財政健全化の見通しはいつも甘く、絶えず修正を余儀なくされてきたからである。

図4-5aは、アベノミクスが始まった二〇一三年七月に内閣府が行った「中長期の経済財政に関する試算」における経済再生ケースである。これを見ればわかるように、日銀の異次元の金融緩和がすぐに効果を上げて、「二年で二％」の物価上昇率目標を達成するようにできている。具体的には名目GDP成長率が一三年に一・九％、一四年に三・三％に跳ね上がり、消費者物価上昇率は一三年に〇・九％、一四年に三・二％に上がり、長期金利も順調に上がっていく。

ところが、アベノミクスが失敗するにつれ、内閣府の試算は狂ってくる。この手のシミュレーションは恣意的である。経済成長率(GDP成長率)を高く設定し、金利を相対的に低く設定すれば、財政は健全化するようにできるからである。実際に、その後は毎年のように、試算では長期金利の上昇が遅らされ、名目GDP成長率が四%にもなる試算に作り変えられ、財政健全化目標もどんどん先送りされてきた。

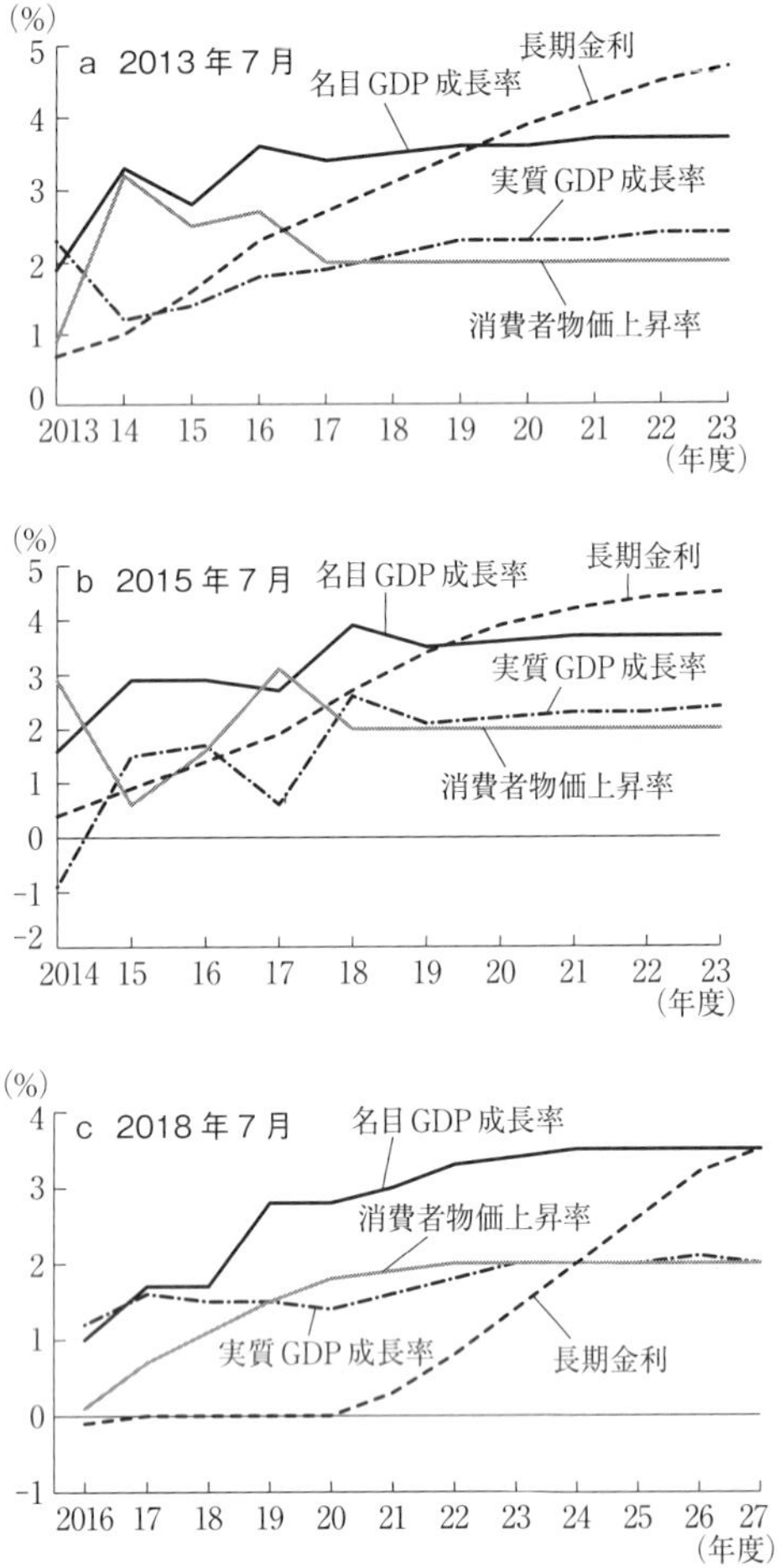

(出所) 内閣府「中長期の経済財政に関する試算」(a)2013年7月,(b)2015年7月22日,(c)2018年7月9日

図4-5 財政健全化の政府試算

図4‐5bは、内閣府が一五年七月に提出した「中長期の経済財政に関する試算」であるが、名目GDP成長率が一八年にいきなり三・九％に跳ね上がり、その後、高水準を保つように作り変えられる一方、長期金利の上昇が当初はより緩やかに動き、一八年以降、急速に上昇するように作り変えられた。極めて恣意的なシミュレーション数値である。

当然のことながら、なかなか試算通りに進まないために、内閣府が一八年七月に提出した「中長期の経済財政に関する試算」では、プライマリーバランス（歳入から国債収入、歳出から国債費を除いた収支）の黒字化の達成時期が従来の二五年度から二七年度に引き延ばされた。試算の数値操作では間に合わなくなったために、プライマリーバランスの達成時期を延期せざるをえなくなったというのが実態である。

図4‐5cは、一八年の試算で成長が実現したケースであるが、これを見ると、名目経済成長率が一九年度に一・七％から二・八％に跳ね上がる一方で、名目長期金利の方はほぼゼロパーセントで推移し、二一年度にようやく〇・三％になる。経済成長率が順調に上がっている間にも、金利の方はゼロパーセントにはりついたままなら財政収支は当然、改善するが、どう見ても非現実的である。消費者物価上昇率も一八年度が一・一％で一九年度には一・五％、二〇年度には一・八％、二一年度には一・九％と「デフレ脱却」が緩やかに達成される。それを踏まえ、実質

経済成長率で見ると、一・五％前後から二三年度まで二％に上がっていって正常化し、そのまで推移する。このように「二年で二％の物価目標」の達成に失敗するたびに、財政健全化目標でも同じような修正を繰り返してきた。六年近く失敗してきたアベノミクスを続けても、急に、この二〜三年で目標を実現するとは考えにくい。

好意的に考えれば、東京オリンピックまで、現在の異常な金融緩和政策が続く中で、オリンピック景気で潤うというシナリオである。だが、この試算が発表された後に、一八年七〜九月期の実質ＧＤＰの速報値は前期比年率でマイナス二・五％となった。三期ぶりのマイナス成長である。米中貿易戦争の影響で対中国輸出が減少し、集中豪雨や台風災害などもあって設備投資や個人消費が落ち込んだからだ。消費者物価上昇率についても、日銀が発表した一九年の目標値が〇・九％に引き下げられた。試算の一・五％を〇・六％も下回る。さらに、そもそもを言えば、一六年のＧＤＰ算定基準の変更（2008SNA）も「その他」調整項目が大きく、賃金統計とともに、政府統計が信用できないという疑義も出ている。

もっと問題なのは、安倍政権の任期が過ぎる二一年から急に日本経済が正常化して動くというシナリオである。名目経済成長率が二一年度の三％から二四年度には三・五％に上がっていき、名目長期金利は二一年度の〇・三％から二七年度の三・五％まで急速に上がっていく。少なくとも東京オリンピック後に景気が落ち込むと多くの人々が予想しており、しかも、どんどん産業競争力が低下していく中で、どうして名目経済成長率三・五％を達成できるのだろうか。真実味が著しく欠けている。むしろ、二七年度の財政健全化目標でさえ、実現するのは難しいと考えるのが自然であろう。

もっとも、毎月勤労統計の不適切処理や賃金統計のサンプリング一部変更によるかさ上げが発覚したが、政府統計を操作すれば、計算上は目標を達成することは可能になる。後述するように、こうした数値操作を行うのは、政府が財政赤字を日銀に付け替えて、表面上、国債発行額を抑制しているからである。しかし、政府統計の改竄や日銀信用の悪用をしても、嘘が露見するのは時間の問題であろう。それは政府の信用そのものを失わせてしまう。つぎに問われねばならない問題は、「失われた三〇年」の間ずっと続けられてきたツケの先送りが今後も可能かどうか、という点である。

民間貯蓄の減少傾向

では、財政が破綻する経路とはどのようなものだろうか。

ひとつはハイパーインフレーションのケースである。歴史的には、戦争や債務不履行がその引き金になる。戦争は物資の供給ネックを作り出し、不足する物資にばらまいたマネーが押し寄せ、そこからハイパーインフレが生ずる。もうひとつは、一九九八年のロシアのように、政府が債務不履行に陥ると、自国通貨が投げ売られる。しかし、こうしたケースは頻繁には起きない。第二次世界大戦後で見ると、日本では戦後直後、悪性インフレを含めれば、石油ショック後だけである。原発事故と同様に、リスクはためこまれているが、それがいつ発現するかを予測することは難しい。

しかし、こうした最悪のケースを除けば、財政危機のリスクとその発現経路については、ある程度見通しを与えることはできる。その際、一般的に使われるのは、ＩＳバランス（貯蓄－投資バランス）から導出される〈民間部門の貯蓄超過＝政府の財政赤字＋経常収支の黒字〉の恒等式である。ここから問題とされるのは、このまま財政赤字を続けていった場合、民間部門の貯蓄が減少したり貿易収支が赤字化したりしていくと、外国からの資本流入によってしか財政赤字（国債消化）をまかなえなくなるという点である。

まず、民間部門の「貯蓄」はどうだろうか。

図4-6は、日銀の資金循環表から見たフローの資金過不足の動向である。かつてと違い、個人の貯蓄はバブル崩壊以降、次第に低下し、回復傾向にあるものの、以前の水準には戻ってい

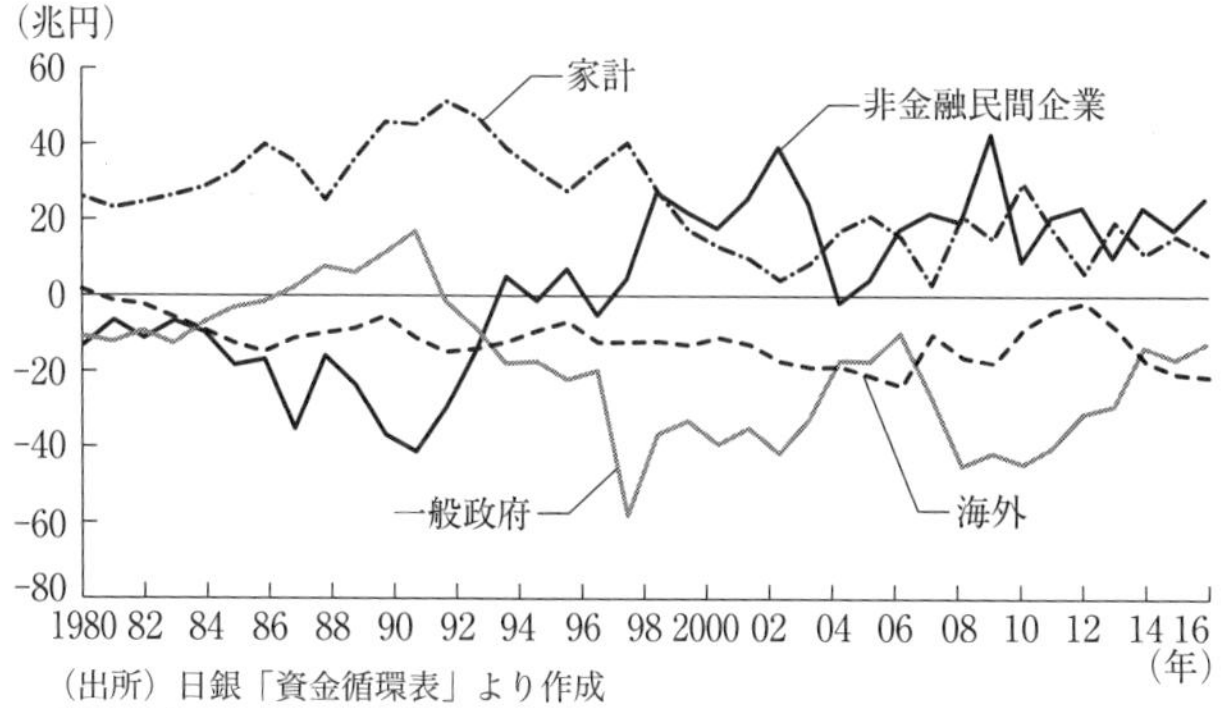

（出所）日銀「資金循環表」より作成
https://www.stat-search.boj.or.jp/
https://www.stat-search.boj.or.jp/ssi/cgi-bin/famecgi2?cgi=$nme_a000&lstSelection=FF

図4-6　家計・非金融法人・一般政府・海外の資金過不足動向（フロー）

ない。雇用の流動化と賃金低下、さらには高齢化に伴って、貯蓄できない層が三割に及んでいる。それに代わって、非金融民間企業部門が「貯蓄」主体として大きくなり、個人を上回るようになっている。かつては個人の貯蓄が金融機関を媒介して資金不足の企業に流れていたが、いまや非正規雇用が増大する雇用の流動化が起き、労働分配率を低下させながら企業が資金を貯め込むように様変わりした。第1章で述べたように、企業は企業防衛を優先し、法人税減税や繰延欠損金を使って負債を返し、潰れないよう動いたのである。九七年のバブルの本格的崩壊と直後の国際会計基準の導入とともに、M&A（企業買収）が行われるようになってから、企業が内部留保をため込む流れは一層加速した。

こうした傾向は、政策によっても強められている。安倍政権は「生産性革命」として「働き方改革」関連法を決めた。「労働生産性」とは、分子が「GDP（国民総生産＝一年に作り出す付加価値の合計）」で、それを分母の〈就業者数×労働時間〉で割ったものである。労働生産性を上げるには、分母を小さくするか、分子を大きくするか、どちらかになる。

実際には、「働き方」改革とは、成長戦略が失敗を重ねて分子のGDPを増やせない下で、分母の残業時間の増加を「合法化」し、賃金支払い額を抑制することを目指すものである。裁量労働制の導入によって長時間労働を「合法化」する「高度プロフェッショナル」制度の導入はその典型だろう。通常は月平均八〇時間、例外的に月一〇〇時間という残業時間規制も、過労死ラインギリギリの労働時間を「合法化」するものである。他方で、入管難民法「改正」によって低賃金の「移民」労働者を拡大しようとする。こうした動きは、民間部門の「貯蓄」を高めはしない。せいぜいのところ、それは個人から企業へ「貯蓄」を移すだけにすぎない。何よりも、絞るだけ絞っていく政策では社会がもたない。

一方、アベノミクスの異常な金融緩和政策は、結局のところ、バブルを引き起こして分子のGDPを上昇させるが、バブルはいずれはじけるので、それが表向き労働生産性を上昇させても、何の意味もないことだ。

本質的な問題は、労働生産性というより、産業構造の転換の遅れである。〝出口なきネズミ講〟と化した金融緩和を続けている間に、産業衰退が一層進んでいるからである。つまり、日本は稼ぐ産業そのものがなくなっている。

超低金利政策の下で金利機能は麻痺している。リスクをとって新しい産業・企業に貸し出すこともできず、本来なら、退場すべき「ゾンビ企業」や構造不況業種も生き延びることになる。しかも、「成長戦略」は、原発、リニア新幹線、東京オリンピックによる建築ブーム作りなど、古い産業を救済する大規模プロジェクトばかり、さらには大阪万博やカジノ誘致といったイベント誘致では、経済の新陳代謝や成長を牽引する産業が生まれてこない。このまま産業衰退が続けば、いずれ大きく積み上がった内部留保も高止まりし、やがてピークアウトする時期がやってくるだろう。

当面で見ても、とりあえず経済がもっているのは異次元緩和の効果というより、中国への工作機械、半導体製造機、半導体設備備品などの輸出である。前述したように、一八年七～九月のGDPが年率換算で二・五%も落ち込んだのは、米中貿易戦争の影響で輸出が減り、それに伴って設備投資が減ったことに現れている。加えて、やがて中国が自前で生産するようになれば、対中輸出はさらに減っていくだろう。

政府赤字減少のからくり

図4-6を見ると、アベノミクスの下で、一般政府の赤字は急速に減少傾向にある。アベノミクスが成功して経済成長したために、財政赤字が減少しているのだと説明される。さらに、一九年度予算案は一〇〇兆円超えの大規模予算になったにもかかわらず、新規国債発行額が減少している。だが、本当だろうか。

これにはからくりがある。たとえば、一九年三月一〇日の日銀営業毎旬報告では、日銀が保有する国債約四七八兆円は簿価で表示されている。国庫短期証券を除くと、約四六七兆円である。ところが、同日の、日銀の銘柄別保有残高の額面価額は、短期証券を含めても約四五五兆円にすぎない。つまり、国債保有額の簿価と額面価額に約一二兆円も開きがある。なぜなのか。

これは一〇年債未満の国債をマイナス金利(つまり額面より高い価額)で購入しているためである。したがって、日銀がこれらのマイナス金利の国債を償還まで保有するだけで一二兆円の赤字になる。つまり、本来なら政府の財政赤字になる金額を、日銀の赤字に付け替えているのである。一種の粉飾会計である。ともあれ、ひとたび対外ショックや深刻な不況に陥った時、政府赤字が増え、民間部門の貯蓄も貿易黒字も縮小することになるだろう。

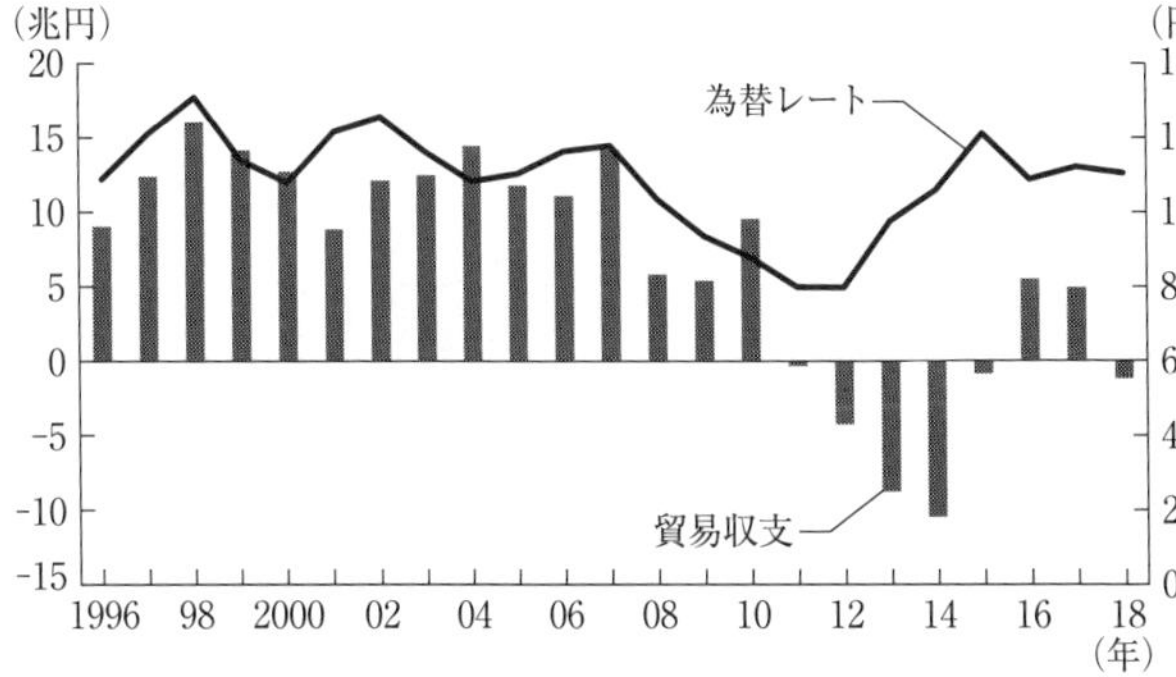

(出所) 財務省「国際収支総括表」および IMF, Exchange Rate Archives by month から作成
(注) ただし，2018 年の貿易収支は速報値

図 4-7　貿易収支と為替レート

貿易赤字化の進行

問題なのは、貿易黒字の縮小と赤字化である。図4-7を見てみよう。リーマンショックで円高に振れて貿易収支が赤字になった後、為替レートが元に戻ったが、貿易黒字は大きく減少している。リーマンショック直前の〇七年には約一四兆円だった貿易黒字は、一六〜一七年に再び黒字になったが、その額は約五兆円で、かつての三分の一程度にとどまっている。そして一八年には再び一兆二〇〇〇億円の貿易赤字(速報値)に転落した。さらに、一九年一月の貿易赤字は一兆四一五二億円に達している。

しかも、貿易黒字の大半は自動車に頼っている。それも数量ベースでは増えておらず、円安によって利益が増えているだけだ。かつて高い世界シェアを

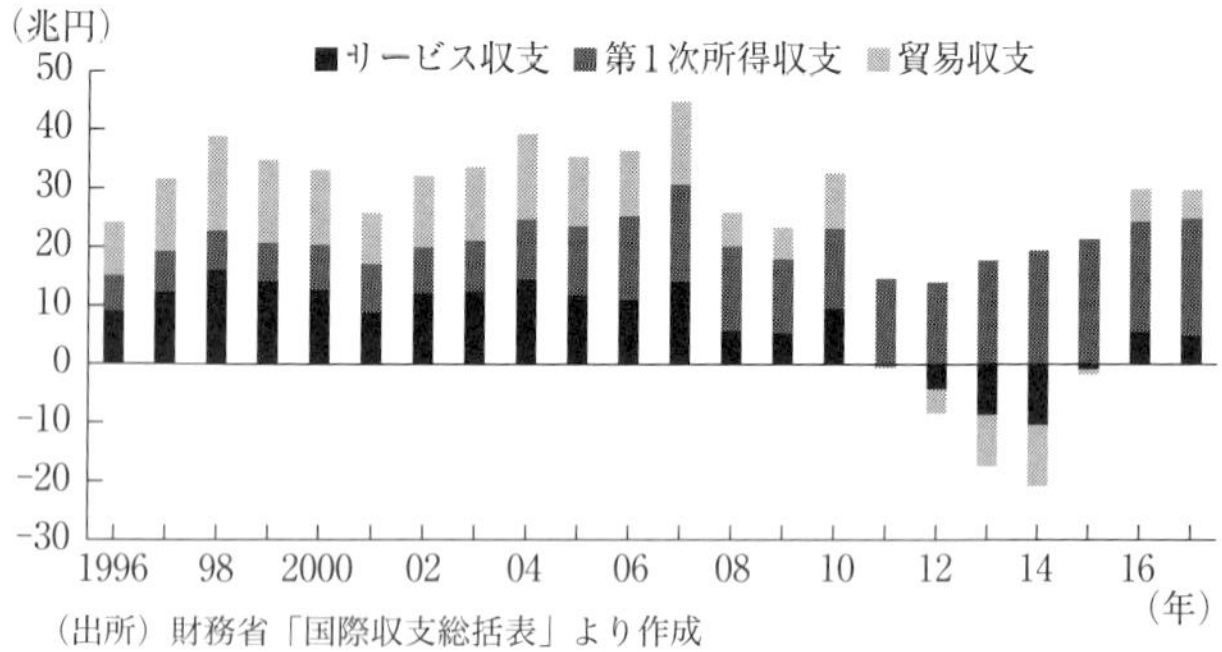

(出所) 財務省「国際収支総括表」より作成

図4-8 経常収支の主要項目の動き

誇っていたスーパーコンピュータ、半導体、液晶製品、携帯音楽プレーヤーなど見る影もない。逆に、世界の先端であるスマートフォンなど通信機器や医薬品などの輸入が増えている。日本国内では、東芝などの不正会計だけでなく、相次いで有名大企業における無資格者による品質検査や検査データ改竄が露見している。高品質を誇ってきた日本の物作りに黄色信号がともり始めている。

前にも述べたように、日本の産業衰退は一九八六年の日米半導体協定以降に始まったが、いまやなけなしの自動車でさえ、実質上の日米FTA(自由貿易協定)交渉において、日本の自動車輸出をターゲットに、関税や為替条項が持ち出され、米国生産への切り替えを強く求められている。安倍政権はこれに対抗する外交交渉力に欠けている。さらに、世界で起きている電気自動車(EV)転換が本格化してこれに立ち遅れれば、化石燃料輸入を大幅に減らすエネルギー転換でもなければ、二〇年代半ば以降に大幅な貿易赤字が定着していく危険性がある。

もちろん、海外投資の収益である所得収支が大幅に増えていけば、経常収支の黒字を保つことができる。図4-8が示すように、国内投資の先がないので、資金が海外に流出して所得収支は着実に伸びてきている。しかし、高齢化と産業衰退が続けば、その伸びも鈍化していくだろう。また日本はかつての大英帝国のように世界の金融センターであるわけでなく、また日本の金融機関が金融技術で優れているわけでもないので、金融業自体が自律的に稼いでいく力も限られている。むしろバブルが崩壊するたびに、縮小を経験するだろう。貿易赤字が定着した場合、それを補って膨大な財政赤字をカバーするほどに所得収支が増加するかはわからない。これだけ国債が累積すると、たえず膨大な借換債が出てくるからである。

いまは、経済衰退と向き合わなければならない時である。今後、民間貯蓄がピークアウトする中、産業衰退で貿易赤字が定着し、所得収支の黒字幅が縮小すれば、いずれ国内で財政赤字をファイナンスできなくなる可能性が生ずるからである。そして、国内で国債が消化できなくなる時、本当の財政危機に直面する。リーマンショックで大幅な貿易赤字になって、外国人投資家が持つ国債の割合は一割を超えた。これが二割、三割となってきた時点で、国債格付けを下げられれば、日本国債の投げ売りが起き、収拾がつかない財政危機に陥れられてしまう。一九九〇年代初めはAAAだった格付けは下がり続け、今はシングルAにとどまっているが、これがBに移行していけば、こうした財政危機は現実化していく。そこで財政法を変えて、日銀が国債を直接引き受ける手段もとりうる。しかし、それは戦争経済と同じであり、財政規律が完全に失われ、破綻するときは破滅に近い危機をもたらす。

かつては思いもつかなかったリスクが垣間見えてきた。政府は二〇二七年度を念頭に財政健全化を考えている(先に見た通り、それも楽観的すぎる)が、まったく逆に、二七年度にこの最悪のリスクが発現するのをいかに回避するかという問題こそ、いま真剣に考えなければならない問題なのである。

3　産業の衰退が止まらない

長期停滞から長期衰退へ

「無責任の体系」が生んだ「失われた三〇年」の結果、日本経済は長期停滞から長期衰退の局面に入った。異常な金融緩和と株価操作で見えなくしているが、その根底には、日本の産業衰退が止まらなくなっている点がある。かつて世界有数のシェアを誇った日本製品は次々と世界シェアを落としてきた。そして、まだ自動車は競争力を維持しているが、それも雲行きが怪しくなってきた。

たしかに、日本の自動車メーカーは、低公害・低燃費の環境技術に強く、トヨタやホンダを中心にハイブリッド車が世界的に群を抜いて強い。ところが、欧州諸国や中国・インドなどは、日本には勝てないハイブリッド車を飛び越して、次々と電気自動車(EV)への転換目標を掲げている。イギリスとフランスは四〇年、ドイツとインドは三〇年、オランダとノルウェーは二五年頃までに、ガソリン・ディーゼル車の販売禁止を打ち出した。中国のEVへの転換も急である。二〇一八年にドイツのフォルクスワーゲンが、二二年までに世界一六か所で電気自動車(EV)の量産体制に入る方針を打ち出した。

日本の自動車メーカーの出遅れ感は否めない。もちろん、リチウム電池ではまだ技術力が高く、またトヨタもプラグイン・ハイブリッド車を作っており、EVの基本技術では必ずしも劣っているわけではない。ただし、EVは従来と比べて部品点数が大幅に減る点で自動運転に適しているが、そこではまだ遅れている。

問題は、いつ自動車がEVに切り替わるのかという点にある。新しい技術や製品への大きなシフトが起きる転換点がある。コンピュータのOS(オペレーティングシステム)のようなプラットフォームとなる「標準(スタンダード)」が変わるのに乗り遅れると、決定的敗北を喫するという点が重要である。ビデオのベータからVHSへ、ウォークマンからiPodへ、固定電話から携帯電話へといった具合に、多数のユーザーを獲得すると、一気に市場をとってしまう。自動車にも、そういう技術的特異点が来る可能性がある。

電気自動車になるか燃料電池車(FCV)になるかは、どちらが多くの利用者を獲得するか否かが決定的に重要である。その際、インフラの普及がひとつの鍵を握る。たとえば、電気自動車の電気補塡施設が普及すると、ガソリンスタンドを見つけるのが難しくなり、電気自動車へのシフトが一気に進んでしまうだろう。それに対して、燃料電池に使われる水素ガスは危険で、水素ステーションのインフラ整備コストが高くつく点が問題である。世界中で水素ステーションというインフラが整備されなければ、いくら優れた燃料電池車を作っても売れない。日本だけそうした方式をとっても、自動車産業でさえガラパゴス化してしまう危険性がある。

産業戦略の欠如

いま日本が直面しているのは、いかにして産業衰退を食い止め、日本経済の破綻を防ぐのかという問題である。その意味で、国家戦略とプラットフォームの関係が極めて重要性を持っている。第2章で述べたように、一九九〇年代初め、アメリカのクリントン政権下の情報スーパーハイウェイ構想(そして国防総省の国防高等研究計画局(DARPA)のコンピュータ・イニシアティブ)とともに、パソコンのOSの高機能化が進み、情報産業の基盤を作った点が参考になる。あるいは北欧諸国が、大胆な銀行の不良債権処理とともに、イノベーション研究開発投資や教育投資を通じて先端産業を育成してきた事例が参考になる。

ところが、日本政府は、バブル崩壊以降、イノベーションに関しては、世界の先端技術の流れにそった国家戦略を立てるのに失敗してきた。いや繰り返し述べてきたように、日米半導体協定以降、放棄してきたと言ってよいだろう。

ちなみに、PwC(プライスウォーターハウスクーパーズ)が発表したR&D(研究開発投資)支出の多い企業ランキング(二〇一七年)を並べると、一位アマゾン、二位アルファベット(グーグル)、三位インテル、四位サムソン、五位フォルクスワーゲン、六位マイクロソフト、七位ロシュ、八位メルク、九位アップル、一〇位ノバルティス、一一位トヨタ、一二位ジョンソン&ジョンソン、一三位GM、一四位ファイザー、一五位フォード、一六位ダイムラー、一七位オラクル、一八位シスコ、一九位ホンダ、二〇位フェイスブックである。

中国で急速に台頭してきたファーウェイは非上場なため入っていないが、このランキングでは六位にあたる。米中のR＆Dの伸びが大きく、分野別には情報通信、医薬品、自動車の順である。ところが、情報通信や医薬品では日本企業はなく、ようやく自動車のトヨタ（一一位）とホンダ（一九位）が入っているだけだ。

経産省も経済界も、規制緩和で市場に任せれば、ベンチャー企業が次々生まれイノベーションが起こるといった「不作為の無責任」に終始し、産業戦略の重要性に目をつむってきた。実際、「構造改革特区」にせよ、「国家戦略特区」にせよ、そこから新しい画期的な産業が生まれてきたという話は聞かない。周回遅れの「新自由主義」による市場原理主義は、有効な産業政策を立て実行できない「不作為の無責任」の隠れ蓑だったと言ってよい。

しかも、こうした流れにそって、国立大学を独立行政法人化させ、自ら稼げと、運営費交付金を年一％ずつ減らす政策を一〇年あまりも続けてきた。先進国のなかで高等教育や研究にかける公的支出が群を抜いて低い水準であり、大学を荒廃させてきた政策の失敗がしだいに効いてきている。大学では文科省の大学への天下りはひどくなり、研究者は研究費をとるために、ひたすら書類書きに追われる。若手研究者は有期契約に追いやられ、短期の成果主義が横行する。こうして基盤技術や基礎研究の破壊が進んできた。

こうした一連の失敗は、これまで述べてきたように、コンピュータが膨大なデータをクラウドで扱う時代となる中で、ＩＣＴ、ＩｏＴ（情報通信技術）への転換を遅らせ、半導体の技術進歩への対応力を欠如させ、コスト削減のために労働市場の規制緩和を推し進めてソフトやコンテンツを作る能力でも決定的な遅れをもたらした。その結果、電機産業は新製品を生み出せなくなり、競争力を低下させていった。いまや話題のスマートスピーカーでは日本メーカーの姿は見えない。

つぎに、東芝の経営危機に示されるように、政府が原発再稼働・輸出路線をとってきたために、日本の重電機産業と電力業が遅れてきている。また政府をあげて原発依存の政策を推進しているために、分散型エネルギーの送配電網の構築でも遅れている。

さらに、自動車のＥＶ転換でも、経産省・資源エネルギー庁は二〇一五年から、燃料電池車の購入費をはじめ、燃料を充塡する水素ステーションの整備費などの補助金を出してきたが、今も電気自動車（ＥＶ）と燃料電池車（ＦＣＶ）の二本立てで中途半端なままだ。

成功が失敗を生む

別の要因もある。これまでの成功が大きいと、それが足かせになって次の技術や製品への転換を遅らせ、失敗の原因になるという点である。これまでトヨタを筆頭に日本の自動車産業は優れた部品工業のサプライチェーンを有し、カンバン方式やジャストインタイムで在庫コストを圧縮させ、すり合わせ技術によって高品質な製品を作ってきた。燃料電池車なら、その強みを活かせるが、ＥＶになると、部品点数が劇的に減るので、逆にそれが足かせになる。大きな成功が失敗の原因になりうるのだ。

経済産業省(旧通商産業省)の古い組織体質も同じである。経産省はキャッチアップ時代には「ＭＩＴＩ(通産省)の奇跡」とよばれる成功を経験したが、その成功が失敗の原因になっている。設備投資意欲が強かった高度成長期に、経産省は業界団体と結びつき、過剰投資にならないように調整すれば、高成長を実現できた。しかし、キャッチアップが終わり、新しい技術や産業への転換を求められるようになると、むしろ既存産業の業界団体と結びつき、そこへの天下りが恒常化すると、既存産業の救済に血道を上げるようになってしまう。情報通信技術の転換の遅れ、原発再稼働や原発輸出、燃料電池車への固執などは典型的である。

出口のない金融緩和政策は、こうした「日本病」の症状を見えなくしているだけである。いくら麻酔薬を打っても、筋肉や臓器が弱っていけば、長期衰退は止まらない。そして、ますます金融緩和が泥沼化していかざるをえない。政策や経営の失敗の責任を明らかにすることをためらわず、そのうえで、世界で進む技術進歩の方向性を見極め、大胆な産業戦略を立てることが求められているのである。

エネルギー転換の時代

では、現時点において産業戦略の中で、最も重要なものは何か。

エネルギー転換である。

それは、ＩｏＴを使った送配電網のインフラから省エネと建物の構造、そして耐久消費財を大きく変えてしまう。ヨーゼフ・シュンペーターがいう五〇年周期の「コンドラチェフ循環」の中でも、石炭と蒸気機関、電力と電化、石油とエンジンというように、エネルギー転換は波及する範囲が大きいがゆえに、膨大な需要と投資をもたらす可能性を秘めている。

ところが、福島第一原発事故を引き起こした日本は、エネルギー転換の最も先頭に立たなければいけないのに、監督官庁も電力会社も重大事故の責任をとらないために、原発再稼働・原発輸出に逆戻りしてしまった。その結果、世界で起きているエネルギー転換からどんどん取り残されてきている。戦後の自民党政治が作り出した「原子力ムラ」という巨大な利権集団が岩盤となっているからである。そこに固執すればするほど、日本経済は地盤沈下を続けていかざるをえない。

その点について言えば、二〇一八年七月三日に、政府が閣議決定した「第五次エネルギー基本計画」のひどい欠陥品ぶりが、日本の近未来の暗さを象徴している。「基本計画」は論理矛盾だらけである。「可能な限り原発依存度を低減する」としながら原発は「重要なベースロード電源」であると言ったり、再生可能エネルギー(再エネ)を「主力電力」と言いながら著しく低い目標のままであったり、記述は矛盾だらけでとても「計画」と呼べるしろものではない。

「基本計画」は、二〇三〇年度の原発比率を二〇～二二%としたが、約三〇基も原発を稼働させなければならない。現にある原発を四〇年で廃炉することを前提とすれば、二〇三〇年に動かせるのは全部で一八基(建設中を含めたとしても二一基)にすぎない。結局、「可能な限り原発依存度を低減する」としながら、すべての原発を六〇年稼働することを前提にしなければならない。再び深刻な事故を引き起こす危険性がある。

他方で、政府は、福島第一原発の事故処理費用・賠償費用をごまかし、ゾンビ企業の東京電力を生き延びさせてきた。そして原発＝不良債権のずるずるとした処理を続けている。実際、二〇一六年一二月九日に、経産省「東京電力改革・1F問題委員会」は事故処理・賠償費用が一一兆円から約二二兆円に倍増したと発表した。このまま行けば、もっと膨らむだろう。一九九〇年代の不良債権問題で繰り返されてきたパターンである。

どう見ても、原発の発電コストは高い。日本では原発の新設コストを四〇〇〇〜五〇〇〇億円としてきたが、世界では少なくとも一兆円を上回るようになっている。それゆえ、「基本計画」では新設にふれようとしない。この間、安倍首相が行った原発セールス外交はことごとく失敗し、東芝が深刻な経営危機に陥ってしまった原因も原発建設費の増加である。世界では、原発は「ベースロード電源」どころか過去のエネルギーになりつつある。だが、「基本計画」にはその反省が一言も書かれていない。時代から取り残されていくばかりである。

さらに、核燃料サイクル政策に膨大な税金、電気料金が注ぎ込まれてきたが、「基本計画」はその失敗に口をつぐんでいる。それは原発コストに含まれていない史上最大規模の無駄使いである。まず、高速増殖炉「もんじゅ」はこれまで一兆円以上を費やしたにもかかわらず、二度の事故を起こしたあげく、稼働しないまま二〇一六年末に廃炉が決定した。廃炉費用にさらに一兆円かかるという。次に、一〇年に日本原燃が有価証券報告書の公表を止めたために正確な数値を出しにくいが、六ヶ所再処理工場は、一九八九年の建設申請時に七六〇〇億円だった建設費が二・九兆円に膨らんだにもかかわらず、いまだに稼働していない。その間にも人件費や維持費を三兆円近く費消している。もんじゅと六ヶ所再処理工場で、八ッ場ダム十数個分の税や電気料金をドブに捨てているのである。だが、もし核燃料サイクル政策を止めれば、使用済み核燃料は「原料」となる「資産」から膨大な費用のかかる「経費」になり、電力会社の経営が傾いてしまう。まさに、原発は不良債権の塊なのである。

他方で、「基本計画」は世界の流れに抗しきれず、地球温暖化対策のパリ協定発効を受けて、再エネの「主力電源化」をめざす方針を初めて打ち出さざるをえなくなった。実際、再エネのコスト低下はめざましい。前にも述べたが、米国エネルギー省によれば、二〇一三年末時点で太陽光の発電コストが一一・二米セント／kWh（約一一円／kWh）になり、アメリカの電力料金の平均価格一二米セント／kWhを下回った。国際再生可能エネルギー機関（IRENA）によれば、再エネの発電コストが一〇年から一七年までの七年間で、世界平均で太陽光は七三％も低下し、陸上風力は二三％も下落した。一七年一〇月に発表された、サウジアラビアの北部サカーカに建設予定の三〇〇MW太陽光発電所の八件の入札結果では、二〜三円／kWhという驚異的な価格低下が起きている。

REN21（21世紀再生可能エネルギー政策ネットワーク）によれば、二〇〇七年から一七年までの一〇年間で世界の太陽光の発電容量は、八ギガワットから四〇二ギガワットへ、風力発電は九四ギガワットから五三九ギガワットへと飛躍的に伸びている。ちなみに発電容量だけをみれば、一五年末に風力発電が原子力を上回っている。今まで経産省・資源エネルギー庁は、再エネは高いと、その普及を妨害してきたが、そのことが世界から取り残される結果をもたらしているのである。

小規模分散型エネルギーの時代は、地域の市民に広く投資機会を提供する。もはや大手電力会社が地域独占の上にあぐらをかき、地域住民から利益を吸い上げる時代は終わりを告げようとしている。だが、「基本計画」は、三〇年度における再エネの電源構成に占める比率を「二二〜二四％」と非常に低く設定している。これは、ドイツで三〇年に五〇％以上、フランスで三〇年には四〇％、スペインで二〇年に四〇％、イギリスで二〇年に三一％であるのと比べても著しく低い。完全に世界のエネルギー転換から取り残される、と公言しているようなものである。再エネは普及すればするほど、コストが低減する「規模の経済」が働く。それは、電卓や液晶テレビの価格低下と似ている。つまり経産省と電力会社が原発にこだわり、再エネの普及を妨げているがゆえに、コストが高いのである。

しかも、大手電力会社が基幹送電線の空き容量がないとして、再エネの系統接続を拒否する事例が相次いでいる。電力会社は原発再稼働を優先しているからである。さらに、経産省・資源エネルギー庁は、再生可能エネルギーの固定価格買取制度(FIT)に入札制度を導入し、買い取り価格を急速に引き下げようとしている。再エネ事業者のコスト削減努力の不足に原因をすり替えている。

福島第一原発事故を引き起こしたにもかかわらず、「失われた三〇年」をもたらした「無責任の体系」は、いまだに克服されないどころか、ますます強まっている。日本がエネルギー転換から遅れていく最大の原因は、電力会社に持ち株会社を作らせ、発電と送配電を独占させる中途半端な電力改革のあり方にある。発送電を所有権分離する電力会社の解体こそが不可欠なのである。

4 社会が壊れていく

新しい格差社会

いま日本は、先端技術や先端産業で次々と遅れをとり、何とか過去の「遺産」で食いつなごうとする社会になっている。実際に、アベノミクスは、未来の世代の需要を先食いしながら、大規模な金融緩和や株価つり上げで現状をもたせるのが精一杯の状況である。しかし、こうした政策にもはや持続可能性がないことは明らかである。

ともあれ、第1章で示したように、二〇一〇年から団塊の世代が六五歳になり始め、一五年から七〇歳になり始めて、生産年齢人口が急速に減少していることもあって、有効求人倍率が一・六三倍（一九年一月）に達している。失業率が減り、人手不足が言われているにもかかわらず、貧困問題に目立った改善は見られないことは特筆に値する。

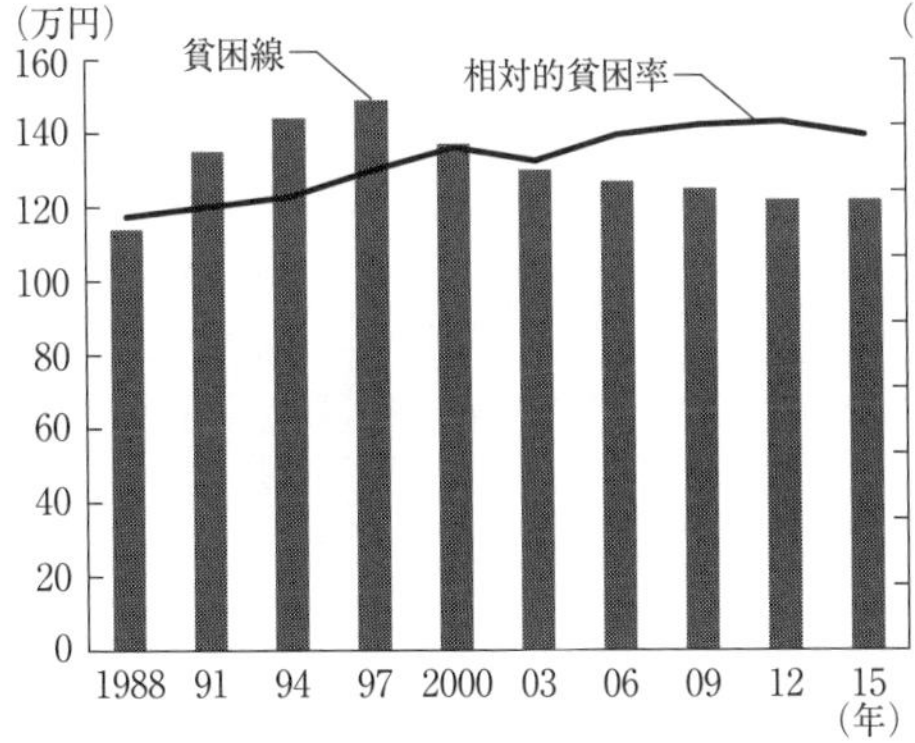

（出所）厚生労働省「平成28年　国民生活基礎調査の概況」より作成

図4-9　貧困線と相対的貧困率

図4-9を見てみよう。等価可処分所得（可処分所得を世帯人数の平方根で割った値）で見た中央値の半分以下の所得層の割合を示したのが相対的貧困率であり、中央値の半分が貧困線である。一九九七年のバブルの本格的崩壊以降、相対的貧困率は上昇傾向にあり、貧困線は下がり続けてきた。アベノミクスの効果を見るために、二〇一二年と一五年の数値を比較してみると、貧困線は一二二万円で同じ。相対的貧困率は一六・一％から一五・七％にわずかに改善しただけである。このことは、（統計処理の問題は別にして）賃上げが非正規雇用に十分に及んでおらず、年金給付の不十分さを反

映している と考えられるが、独自に貧困対策を打たなければ、状況はよくならないことを示している。

とりわけ教育が重要になってきている。世界的に見て、日本は教育費に占める公的支出の割合が著しく低く、私的支出の割合が高い。他方で、賃金の低下が相対的貧困率を上昇させてきた。そのため、高い学費が支払えず、進学できない子どもが増えていく。奨学金をもらっても、いったん非正規雇用になると、返済ができずに貧困に落ちてしまう。それは格差を固定化させる効果を持つ。

他方で、知識集約型の産業構造へ転換が進む時に、こうした事態は産業競争力を著しく低下させる。大学予算の削減も基盤研究をどんどん弱めていく。道徳教育を「強制」するような、教育を「兵隊」育成としてしか見ない古臭い教育観が競争力を衰退させていくのである。

さらに問題なのは、大規模な金融緩和政策がもたらす資産の格差であろう。先述したように、日銀の「信用創造」に基づくバブル創出政策は、外国人投資家と一部の突出した富裕層を潤わせ、資産格差を拡大する。正確な資産統計がないので、データ的に実証することは難しいが、調査会社ウエルスXの報告書によれば、一七年で三〇〇〇万ドル(約三三億円)以上の資産を保有する「超富裕層」が多く住んでいる都市では、香港、ニューヨークについで東京が三位になっている。

情報独占と結びついた金融業は、果実をすべて食い尽くすように動き、富を集積していく。アメリカでは一%の富裕層が残りの九九%の持つ富に匹敵する資産を所有する。アベノミクスは、意図的に株・不動産バブルを作り出すことによって、こうした外資系の「食い尽くし」ファンドの格好の餌食となり、そのおこぼれにあずかる日本の一部の富裕層を潤す。これも、また日本社会を貧しくし、その中で格差を固定化していくのである。

このような大都市圏の局所的バブルは将来、町や村そのものを破壊しかねない。都心回帰でタワーマンションが建設される一方、都市郊外から地方にいたるまで空き家の増加が著しいからである。一三年時点(五年ごとに行われる総務省「住宅・土地統計調査」)でも全国の空き家率は一三・五%になる。東京でも一一%を超える。空き家は壊すと固定資産税が増加するので放置され、しかも持ち主はそこに住んでいないので、町は動きがとれなくなって崩壊していくのである。株同様、不動産のバブルも持続可能性がなく、いずれは崩壊するものである。その時は、都市の空洞化が一気に表面化してくるだろう。

地域格差もますます拡大する。都心バブルから取り残された地方は、雇用先がなく、病院や学校が統廃合され、衰退が止まらないからである。若者は大都市に流出し、少子高齢化が加速していく。地域の基盤産業であった農業も例外ではない。「農林業センサス2015」によれば、販売農家数は、〇五年の二六五万一〇〇〇から一五年の一三三万七〇〇〇に減っている。一〇年間で半減したことになる。農業従事者の六三・五％が六五歳以上であり、六〇歳以上をとると、約七七％を占める。あと一〇年もすれば、農業は壊滅する危険性がある。にもかかわらず、安倍政権は古い製造業利害のために農産物を放棄するようなTPP11（環太平洋経済連携協定）、日欧EPA（経済連携協定）を結び、日米FTA交渉を開始した。後述するように、六次産業化とエネルギー兼業を軸に農業を再建する方策をとらないと、地域は壊滅的な打撃を被ることになるだろう。それは食糧自給率を低下させ、化石燃料依存とともに貿易黒字を縮小させる役割を果たす。

このように見てくればわかるように、平成の間に衰退していったのは産業だけではない。社会基盤もどんどん壊れてしまったのである。では、日本の経済と社会の再建のために何をなすべきか。つぎに、その重要なポイントを述べておこう。

第5章

ポスト平成時代を切り拓くために

平成という時代が終わった。これまで繰り返し述べてきたように、日本経済が直面している課題は、言うまでもなく、癒しにひたったり思考停止のナショナリズムに陥ったりすることではなく、またいかにして当面の現状をもたせるかでもない。ましてや政府統計を操作して取り繕うことではない。

アベノミクスは、日銀や年金基金などによる〝官製〟株式相場と財政ファイナンスによる〝バラマキ〟によって、見せかけの景気を演出してきた。しかし、それは日本経済を深部から蝕んでいる。これまで見てきたように、アベノミクスは、①産業衰退の加速、②貿易赤字の定着、③実質賃金と実質家計支出の継続的低下、④少子高齢化と地域衰退、⑤銀行経営の圧迫と金融危機リスク、⑥中央銀行の機能麻痺をもたらした。六つの大罪と言ってよいだろう。

「衰退の本質」に正面から目を向けなければならない。実際、産業の衰退は深刻である。原発、リニア新幹線、東京オリンピック・大阪万博の大規模公共事業とカジノといった時代遅れの成長戦略をとっているかぎり、新しい産業は生まれない。また「新自由主義」に従っていくら規制緩和を行ったところで、新しい産業は生まれない。さりとてマクロ経済政策を使って社会保障を多少増やしても、当面もたせるのが精一杯であって経済衰退は止まらない。

一方で、成長主義を批判して脱成長を掲げる議論もある。だが、いま起きているのは経済衰退であり、放置しておいて何とかなる状況ではない。ゆっくり滅びることができるほど、世界はのどかでない。前章で見たように、このまま民間貯蓄が減少し、貿易赤字が定着していけば、稼ぐ産業がないかぎり、どこかで破滅的な経済財政危機を招来するリスクが顕在化してゆくだろう。滅びは必ずどこかで激痛を伴うものである。

日本経済に崖があることが近未来に見えてきた。現実を直視しなければならない。戦後しばらくの間、先達はこうしたリスクを避けるために全力をあげてきた。現実を直視しなければならない。日本が直面しているのは、経済衰退を食い止めて経済持続可能性を回復しながら、いかにして新しい産業と社会システムを創り出すかという課題である。そして、新しい産業構造への転換と格差の是正を同時に達成しなければならないところに、「失われた三〇年」がもたらした状況の深刻さと困難さがある。

だが、やり遂げねばならない。

（1）社会基盤として透明で公正なルールが不可欠である

アベノミクスの失敗は深刻である。政権に都合のよいように、官庁が公文書や政府統計を書き換えるようになっているからである。安倍政権になって、「戦後最長の景気回復」というキャンペーンが行われているが、政府統計の改竄が明らかになってくるにつれ、それが虚偽である疑いが濃くなっている。公正なルールが損なわれてしまえば、どんな不正を働いても、どんなに政策が失敗しても、ごまかすことができるからだ。そして、こうした事態が続けば、産業の革新も社会の刷新もできなくなる。

これは、戦後自民党が支配してきたレジームの根幹がもはや時代に合わなくなっていることの証左に他ならない。第1章の最後で述べたように、戦後、アメリカによって戦争責任を免罪されて成立した自民党政治は、アメリカの援助と市場開放の下で、高度成長を実現してきた。それが、一九九〇年代のバブル崩壊に伴う不良債権問題でも二〇一一年の東日本大震災で発生した福島第一原発事故でも、官民のリーダーたちの経営責任も監督責任も問えない戦後の「無責任の体系」となって表出した。失敗の責任を曖昧にし、当面もたせればいいという姿勢が、ついにアベノミクスに行き着いた。貯金の食い潰しは借金漬けで行けるところまで行くという無展望な政策へと突き進んでいったのである。それが「失われた三〇年」となって現れている。

戦争責任を曖昧にして成立した戦後自民党政治は、不良債権問題でも原発事故でも無責任体質を露呈させたあげくに、ついに歴史的事実を書き換える公然たる「歴史修正主義」を掲げる安倍政権を再度登場させた。戦争責任もなかったことにしようというのである。しかも、いまや修正するのは歴史的事実だけではない。どんなに閣僚が不正腐敗を行っても政策に失敗しても、公文書や政府統計を改竄してごまかすようになっている。いまの日本はミッドウェイ海戦後の状況に似ている。主たる戦力(産業)は喪失してしまっているのに、指揮官は作戦の失敗を認めず、大本営発表を繰り返す。トップが腐れば下もそうなる。いまや名だたる大企業も検査データを改竄して平然としている。

もちろん、今は昔のように軍国主義イデオロギーが社会を覆っているわけではない。「新自由主義」のイデオロギーは、すべては市場が決めたことであり、「自己責任」であるとして、この「無責任の体系」を正統化する役割を果たすようになった。しかも、そのイデオロギーの源泉になっている、アメリカについていけば、すべてうまくいくという思考停止の「外交」が産業の衰退を一層加速させるようになっている。

いま真っ先に取り組むべき課題は、戦後の「無責任の体系」を清算し、社会の基盤となる透明で公正なルールを取り戻すことである。歴史を振りかえるまでもなく、権力者の周辺が批判や反対論を封じながら利益をむさぼる政治は、腐敗して社会そのものを滅ぼしていくからだ。少なくとも与野党伯仲、参議院における与野党逆転を実現することが必要である。それができれば、以下の措置を実行することができる。いずれも政治不信を取り除き、民主主義を蘇生させるには不可欠な措置である。

① まずは、この国のトップの地位にいる安倍首相夫妻の知り合いが経営する、森友学園への国有地の大幅値切り払い下げ問題や加計学園の獣医学部新設認可問題、あるいはペジー・コンピューティングの補助金未返還問題を解明することが必要である。この間、安倍昭恵夫人や加計孝太郎らの重要人物の国会証人喚問が一貫して拒否され、文書が隠され、当事者が「記憶にない」を繰り返し、果ては公文書の改竄まで起きている。国会の機能を回復させるためには、国会に特別委員会を立ち上げ、証人喚問、国政調査権を使った証拠資料の精査を行わなければならない。

② 先述したように、一九九〇年代のバブル崩壊後の不良債権処理から二〇一一年三月一一日の福島第一原発事故後の原発＝不良債権処理まで、経営責任も当局の監督責任も問えなかったことが、日本が長期停滞から産業衰退へと陥った重大な原因のひとつである。国会事故調

査委員会、政府事故調査委員会などの報告書を出発点にして、国政調査権を使ってデータを洗い直し、事故原因の究明と検証作業を行うべきである。

③ 毎月勤労統計やGDP統計の不正を調査し、正しい政府統計に戻すために、国会に専門家委員会を設置し、アベノミクス偽装を正すことが必要である。

④ 内閣人事局の人事権が及ぶ範囲を限定し、事務次官など少数にとどめるべきである。

⑤ 言論を抑圧する特定秘密保護法を改正し、「共謀罪」法を廃止したうえで、新たに公文書の保存管理を義務づけるとともに、行政の透明性を飛躍的に高める情報公開法を定め、メディア(とくにNHK)への政治介入を防ぐ放送法の改正を行うべきである。

そのためには、野党間の緊密な連携が不可欠である。野党連携を強力なものとするには、アベノミクスがもたらすリスクを正しく指摘し、それに代わって日本経済の持続可能性を取り戻す経済政策を創出し、共有しなければならない。

(2) 教育機会を平等に保障しなければならない

社会の崩壊を防ぎ、新しい産業と社会を生み出すのは人間、とりわけ若者である。「失われた三〇年」が止まりそうにないのは、社会に新陳代謝をもたらす若い世代に非正規雇用が広がり、安心して結婚し子どもを産んで育てることさえままならない状況に陥れられているからだ。さらに、若い世代の研究者における有期雇用の広がりと「成果主義」が、技術や研究開発の機会を奪っている。若い世代が教育機会すら奪われていけば、産業も社会も新陳代謝を失ってしまうだろう。

ところが、現実には、多くの若い人々が低所得を理由に教育機会を奪われつつある。日本はOECD（経済協力開発機構）諸国の中でも、教育費における公的負担比率の低さと私的負担の高さでは目立っている。加えて、第1章で見たように、この間、継続的に中位の所得が低下しており、この中間層の所得低下によって、数多くの教育費の負担に次第に耐えられなくなっている。若い世代の教育機会の喪失は格差を固定化し、社会の新陳代謝を失わせる。さらに、大学予算の削減は同時に基礎的な研究基盤を破壊する。知識集約型産業へ移行する中では、若い世代に平等に教育機会を与え、基礎研究・基盤研究の立て直しをすることが喫緊の課題になっている。最低賃金の引き上げとともに、少なくとも以下の政策を実施することが緊急の課題になっている。

① 中学校までの給食を全校で実施する。
② 高校教育を完全無償化する。
③ 大学授業料を引き下げるとともに、給付型奨学金を飛躍的に拡大する。
④ 国立大学運営費交付金の年一%削減政策をただちに中止し、大学・研究機関における基礎研究・基盤研究への支援を増額する。

(3) 産業戦略とオープン・プラットフォームを作る

安倍政権の「成長戦略」は、実際には情報通信やバイオ医療やエネルギー転換など新しく伸びている産業に向かわず、原発や大規模公共事業など後ろ向きの古い産業の救済ばかりにお金を注ぎ込むだけである。その背景には、安倍首相の「お友達」に資金をばらまく縁故資本主義《クローニー・キャピタリズム》がある。縁故資本主義とはしばしば開発独裁国家に見られるように縁故者や仲間うちで固めて国家運営に当たり、国の事業に伴う権益をばらまく経済体制をさす。

たとえば、ペジー・コンピューティング社のスーパーコンピュータの補助金詐取問題は、首相と親しいとされる元TBS記者が媒介したとされる。この元記者はジャーナリストの伊藤詩織さんに対する準強姦事件で逮捕される寸前でなぜかそれを免れた人物である。しかもペジー社の詐欺が確定しているにもかかわらず、約一〇〇億円もの補助金のうち二八億円が未だに返還されていない。生命科学とバイオ産業の分野では、「腹心の友」である加計孝太郎理事長の加計学園への不透明な認可が批判されている。イギリスへの原発輸出で政府保証をつけた日立製作所は、安倍首相の友人である中西宏明が会長を務める。当然のことながら、原発コストの上昇で輸出計画は頓挫した。同じく友人である葛西敬之JR東海名誉会長の下でリニア新幹線建設が決定されたが、「談合」問題が起きている。いずれも、安倍首相と親しい間柄の人物が〝登場〟し、プロジェクトとしてはうまく行っているとは言いがたい。

こうした縁故資本主義は、先に見たように「無責任の体系」を生む。いまや、官庁だけでなく検査データ不正が横行するなど、生産現場のモラルをも蝕み始めている。そして、世界で進む産業構造や技術の転換から遅れてきているのである。

以下の改革が必要である。

① 産業の国際競争力を低下させてきた経産省の業界利益追求型体質を解体する。

② エネルギー転換、情報通信技術、バイオ医薬、電気自動車と自動運転など先端産業に関して産業戦略を策定する。

③ イノベーションは速度が命なので、研究開発のためには企業横断的・研究機関横断的なオープン・プラットフォームを作るとともに、若手研究者・技術者の育成と活躍の場を提供する。

④ ただし、こうした激しい技術転換が起きる時には、政府が常に正しい判断をする保証はない。情報公開と決定プロセスの徹底的な透明性、公正なルールを保証する。

⑤ 持続的に財政資金でイノベーション研究開発投資を支援する。

(4) 電力会社を解体せよ

中でも日本のエネルギー転換が決定的に遅れていることが問題である。エネルギー転換はインフラ、建築物、耐久消費財などへの波及効果が高いからである。さらに地球温暖化との関わりでも、貿易収支の悪化との関わりでも、再エネの拡大で化石燃料依存を脱することが喫緊の課題となっている。だが、最大の既得権益である原子力ムラが岩盤となって進まない。その本質的原因は、不良債権化した原発を再稼働させるために、現行の電力システム「改革」がまやかしに終わっていることにある。エネルギー転換を促すには、時代の要請に応じて、すみやかに電力会社を解体することが必須である。具体的には、発電会社と送配電会社を完全に分離する方式である所有権分離を実行することである。しかし、それでは原発という不良債権を抱えた発電会社は経営困難に陥る。では、どのようにすればよいのか。

① ゾンビ企業と化した東京電力を民事再生にかける。株主責任を問い、原発融資分に関して銀行の貸し手責任を問う。東京電力と子会社の資産および新会社の株式売却益を賠償費用に充当する。なおも残る賠償費用については国が責任を負う。

② 核燃料サイクル政策を止め、六ヶ所村の再処理施設を廃炉にする。電力料金にかかる再処理料金について見直す。廃炉費用を除いて残る積立金と毎年かかる再処理料金を一定期間、福島の事故処理費用に充当する。

③ エネルギー予算の組み替えを行い、事故処理・賠償費用を捻出する。

④ 原発ゼロ基本法案を通過させたうえで、東京電力以外の電力会社については、原発および関連施設、廃炉引当金不足額に相当する額の新株を発行させ、国が引き受ける。と同時に、原発を切り離し、日本原子力発電に集め、廃炉のための工程表を作成する。

⑤ 国は株主として、すべての大手電力会社を発電会社と送配電会社に所有権分離する。しかる後に、国は電力会社の株式を時間をかけて売却し、資金の回収に務める。

⑥　二〇一五年四月に設立された電力広域的運営推進機関、同年九月に設立された電力取引監視等委員会（一六年四月に電力・ガス取引監視等委員会に改称）に関して、その独立性を高めるために、人事について国会承認を必要とする独立機関とする。同時に、徹底した情報公開を義務づける。

⑦　送電会社には、地域に設立された再エネの中小電力会社の優先接続を義務づける。

（5）地域分散ネットワーク型システムに転換する

原発をはじめ「集中メインフレーム型」という二〇世紀型の仕組みは、同じモノを大量生産し大量消費することで成り立つ。大規模化を追求するので、人口が増え、所得や雇用が増え、作っているモノに国際競争力がないと成り立たない。しかし、いまの日本はこれらの条件が失われつつある。「集中メインフレーム型」の旧来型産業を守ろうとすればするほど、かえって地域から日本経済は壊れて行くようになっていくのである。

一つ一つは小規模で分散していても、ＩｏＴやＩＣＴの情報通信技術を基盤に連携する「地域分散ネットワーク型」への移行が求められている。固定電話から携帯電話・スマートフォンへの移行、大型スーパーの不振とコンビニの隆盛が典型的事例であろう。「地域分散ネットワーク型」への移行には情報通信技術が不可欠である。このような情報通信技術の活用を通じて、〝毛細血管〟でニーズがすばやく反映され効率化されていくことが必須だからである。

「地域分散ネットワーク型」のシステムへの移行は、社会保障制度も同じである。もはや国が現金給付を出して、民営化された医療・介護・保育・教育を買う仕組みは、財政赤字と格差の拡大によって限界に達してきている。実際、現状の社会保障制度を前提にして、財政事情を理由に給付をひたすら縮小していくだけでは安心は得られない。そこで、財源と権限を地方に譲り、医療・介護・保育・教育といった現物サービスを地域できめ細かく対応できるようにしていくことが必要である。ここでも、ＩｏＴやＩＣＴの情報通信技術を基盤にネットワークを構築することで「効率化」と安心を同時に追求していくことができる。

地域の基盤産業である農林業も、食の安全と環境を守るという点では、もはや大規模専業をモデルとする「集中メインフレーム型」の時代は終わった。小規模零細の農業を基盤に安全な農業こそ先進的なものである。しかし、コストが高く、収入が上がらない。それを六次産業化とエネルギー兼業でカバーしていくのである。ここでもＩｏＴやＩＣＴの情報通信技術でネットワークを構築することが不可欠になる。

こうして電力システム改革を突破口にして、持続可能な発展を実現するため、地域から逃げない資源や人間のニーズに基礎を置いた産業（エネルギー、食と農、福祉）において雇用を創出する。それを基礎にして、インフラ、建物、耐久消費財などでイノベーションを引き起こすのである。

① 食の「安全と安定」を高めるために、環境と安全の規格・基準を強化する。そのために農業は、消費者ニーズに応えつつ、地域単位で生産、流通、加工を結びつける「六次産業化」と、再エネを生み出す「エネルギー兼業」を軸に「儲かる農業」にしていく。そのために、表示・トレーサビリティ（追跡可能性）の構築を前提に、直売所のネットワーク化や産直の仕組みを整えていく。

② 貿易政策との関わりでは、長期的な農家経営の展望が持てるようにWTOルールに従って戸別所得補償制度の充実をはかり、とくに中山間地には環境保全型農業を振興する。

③ 社会保障・社会福祉に関しては、医療・介護・教育・保育・貧困対策など対人社会サービス（現物給付）の充実を図る。医療・介護については、地域の中核病院、診療所、介護施設、訪問サービスなどをネットワーク化する。「かかりつけ医」ないし「ケースワーカー」が個々人に寄り添う体制を作るとともに、個人のカルテや介護記録の電子化を図るが、二重の

パスワードで保護するとともに、誰が個人情報にアクセスしたかを知る権利を保障する。それによって、個々人が安心できるとともに、地域の医療や介護の効率化を図ることができる。

④ これら対人社会サービスに関しては、障がい者、女性、患者など当事者たちが決定に参加できる権利を保障する。それによって、地域からダイバーシティを尊重する社会を創出する。

⑤ こうした「地域分散ネットワーク型」の産業や社会システムへの転換にとって、財源と権限の地方への移譲が不可欠である。それによって、地域の生活圏に係わることは、地域の住民が決定する社会に変革していくのである。

(6) 時間をかけて財政金融の機能を回復する

〝出口のないネズミ講〟と化した日銀による赤字財政ファイナンスの正常化を図らねばならない。だが、それは困難を極めるだろう。前にも述べたように、すぐに出口を求めて、日銀による国債と株の買い入れを止めれば、たちまち財政金融は破綻してしまうからである。

ゆっくりとした出口政策が求められる。国債買い入れ政策については、満期の近い期近ものに変えていくことで、日銀資産の縮小を徐々に図っていくしかない。つぎに、金利を少しずつ引き上げていくと、借換債の金利も上昇する可能性が高い。そこで借換債については特別勘定を設け、超長期債を発行し、そこに事実上「凍結」する。政府の国債金利支払いと日銀納付金を相殺させるのである。この特別勘定は「安倍・黒田勘定」と名付けて「負の遺産」として引き継ぎながら長期にわたって返済していくしかない。

一方、財政破綻を防ぐために、防衛費や公共事業費に偏った歳出の見直しと、環境税や法人税の中立・簡素化や所得再分配を強める増税などで、とりあえずプライマリーバランスを回復することによって、財政の持続可能性を回復しなければならない。

ここにあげたポスト平成時代の課題は、一九九〇年代初めのバブル崩壊以降、長い間の「無責任の体系」によって積み上がってきたものであり、その解決は容易ではない。しかし、もはや今をもたせるために、未来にそのツケを先送りすることはできなくなりつつある。その意味で、アベノミクスは「終わりの始まり」である。われわれに残された時間は多くない。

文献案内

本書で取り上げたテーマについて、読書案内として、比較的簡単に手に入る代表的な本を中心に紹介しておこう。

まずは、「新自由主義」の起点となったのは、マネタリストのミルトン・フリードマン、サプライサイド経済学のマーティン・フェルドシュタイン、合理的期待形成派のロバート・ルーカスらである。それぞれ枠組みは異なるが、ここでは代表としてフリードマンの『選択の自由』(ローズ・フリードマン共著、西山千明訳、日本経済新聞社、一九八〇年)、『政府からの自由』(土屋政雄訳、中央公論社、一九八四年)をあげておこう。

「新自由主義」は金融自由化(規制緩和)を推し進めた。金融自由化がもたらした金融不安定化については、一国経済を前提に金融が景気循環を主導すると説いたハイマン・ミンスキー『金融不安定性の経済学』(吉野紀・浅田統一郎・内田和男訳、多賀出版、一九八九年)、過剰なマネーが国際的な広がりでバブルを引き起こすことを問題にしたスーザン・ストレンジ『カジノ資本主義　国際金融恐慌の政治経済学』(小林襄治訳、岩波書店、一九八八年)がある。いずれもブラックマンデーを予言した。また、災害その他を契機にして新自由主義を世界に広げていくことを描いたナオミ・クライン『ショック・ドクトリン　惨事便乗型資本主義の正体を暴く』（幾島幸子・村上由見子訳、岩波書店、二〇一一年）がある。

なおアメリカ中心の国際的政治秩序に関しては、アントニオ・ネグリ、マイケル・ハート『帝国』（水嶋一憲ほか訳、以文社、二〇〇三年）と、ジョン・アイケンベリー『リベラルな秩序か帝国か』（上下巻、細谷雄一監訳、勁草書房、二〇一二年）が相対立する見方を提供しているが、前者は情報通信（ＩＴ）による情報独占がアメリカの軍事的優位と結びついているという点を見ていないので説得力に欠けており、後者は「米国第一主義」を掲げるトランプ政権の登場で説明力を失いかけている。

つぎに一九九〇年代に欧米諸国に広がった「第三の道」路線は、アンソニー・ギデンズ『第三の道』（佐和隆光訳、日本経済新聞社、一九九九年）が代表的である。この「第三の道」は労働市場からはじき飛ばされた若者の増加に対して「社会的包摂」を打ち出した点で興味深いが、グローバリゼーションそのものは受け入れている。

経済政策に関しては数多くあるので省略するとして、アベノミクスとして採用されたインフレターゲット論（リフレ派）が言説として登場してきたが、「二年で二％の物価目標」を実現できなければ辞任すると言った元日銀副総裁の岩田規久男が編集した『まずデフレをとめよ』（日本経済新聞社、二〇〇三年）がある。こうした主張に勢いを付けたのは、ポール・クルーグマンが日本の経済政策を批判した『恐慌の罠　なぜ政策を間違えつづけるのか』（中岡望訳、中央公論新社、二〇〇二年）である。このクルーグマンの主張をめぐって、吉川洋・通商産業研究所編集委員会編著『マクロ経済政策の課題と争点』（東洋経済新報社、二〇〇〇年）という論争本も出ている。

いまは大きな技術と産業構造の転換期である。だが、従来の経済学では問題を扱う枠組みはそう多くはない。イノベーションに関しては、ヨーゼフ・シュムペーターが最も有名である。その主著『**資本主義・社会主義・民主主義**』(中山伊知郎・東畑精一訳、東洋経済新報社、一九九五年)は依然として示唆に富む。しかし、技術転換と産業革新に関しては企業家精神の衰退に直面してどこか「悲観的」で、政策論としては、『**租税国家の危機**』(木村元一・小谷義次訳、岩波文庫、一九八三年)におけるタックス・ハンドルくらいしか提示されていない。これに対して、マリアナ・マッツカート『**企業家としての国家　イノベーション力で官は民に劣るという神話**』(大村昭人訳、薬事日報社、二〇一五年)がある。情報通信や再生可能エネルギーを事例に、基盤技術の開発や初期投資の赤字をまかなう国家の役割を強調している点で興味深い。

ちなみに、本書は、筆者がほぼ同時代的に生きてきた過程と重なっている。そのプロセスで考えてきたことが少なからず反映されているので、僭越ながら参考のために拙著もあげておきたい。

まず、新自由主義的政策に対する批判としては、『**セーフティーネットの政治経済学**』(ちくま新書、一九九九年)、またグローバリズムへの批判を展開した『**反グローバリズム　市場改革の戦略的思考**』(岩波書店、一九九九年)、『**新・反グローバリズム　金融資本主義を超えて**』(岩波現代文庫、二〇一〇年)がある。

資本主義が「バブル循環」を繰り返す金融資本主義に変質し、不良債権処理の失敗が長期停滞をもたらすことを指摘したのが『**長期停滞**』(ちくま新書、二〇〇二年)である。その後、リーマンショック前に、バブル崩壊を論じた『**閉塞経済　金融資本主義のゆくえ**』(ちくま新書、二〇〇八年)や『**世界金融危機**』(アンドリュー・デウィットとの共著、岩波ブックレット、二〇〇八年)がある。

さらに、福島第一原発事故が原発を不良債権化したことを明らかにした『原発は不良債権である』(岩波ブックレット、二〇一二年)、そしてシミュレーションによって原発がコストが高いことを示し、原発＝不良債権処理の具体的方法を提示した『原発は火力より高い』(岩波ブックレット、二〇一三年)がある。また、脱原発を通じて地域分散ネットワーク型の産業と社会への移行を論じたものに、『「脱原発」成長論　新しい産業革命へ』(筑摩書房、二〇一一年)、『原発ゼロノミクス　脱原発社会のグランドデザイン』(飯田哲也との共著、合同出版、二〇一三年)、および『儲かる農業論　エネルギー兼業農家のすすめ』(武本俊彦との共著、集英社新書、二〇一四年)がある。なお、制度やルールの共有という戦略を提示した『資本主義の克服　「共有論」で社会を変える』(集英社新書、二〇一五年)がある。

最後に、筆者の方法論は最新のゲノム科学を踏まえた独特のものだが、児玉龍彦との共著で『逆システム学　市場と生命のしくみを解き明かす』(岩波新書、二〇〇四年)と『日本病　長期衰退のダイナミクス』(岩波新書、二〇一六年)がある。前者は、市場を「制度の束」と捉え、現実から多重な調節制御の仕組みを帰納して副作用のない政策を提示する経済学の病理学的アプローチである。後者は周期性を軸に資本主義の動態を捉え、非線形的変化とともに、新たな制度が階層的に積み上がっていくプロセスを論じている。

おわりに

　思えば、「平成」という時代はバブルとバブルの崩壊から始まったが、経済学の有効性が厳しく問われる時代でもあった。大恐慌がケインズやシュンペーターや計画経済を産み落としたように、一〇〇年に一度の経済危機は新しい経済学の考え方が創造されねばならない時なのだろう。現実が変われば、理論は革新を求められていく。理論に現実を押し込めようとすれば、政策はかえって破綻を導くからだ。現実に合わせて理論が革新されねばならない。今は、その途上にある時代なのかもしれない。

　平成という時代を通じて、結局、財政金融政策を使ったマクロ経済政策も、規制緩和を中心とする構造改革も、「失われた二〇年」を克服できないどころか、症状を重くするばかりだった。アベノミクスの失敗はその集大成にすぎない。そして、従来の主流経済学は、マクロ経済学もミクロ経済学も日本経済の衰退に有効な処方箋を提示できないでいる。こういう中から行動経済学やビッグデータを使った統計解析など新しい経済学の動きも出てきているが、まだ未成熟で有効な政策体系を打ち出せていない。

他方、マルクス経済学は、社会主義はもともと集産主義(collectivism)の意味であって多様な形態があるとはいえ、一九九〇年代初めの「社会主義」体制の崩壊とともに、影響力は大きく減じた。国家が巨大な設備投資をコントロールするという政策が有効性を持っていた重化学工業の時代が終わるとともに、有効な政策を打ち出すことはできなくなったのである。もちろん、資本の無限の価値増殖や資本蓄積という概念は、近年の格差拡大についてひとつの説明を与えているが、主流経済学とは異なる全体的な体制概念を提供するという魅力はもはやない。

こういう中で、バブル崩壊後に訪れた「失われた三〇年」を克服するために、筆者なりに悪戦苦闘しながら日本経済を分析し、セーフティーネット概念の革新、反グローバリズム、長期停滞、脱原発成長論などをキー概念にして、その時々に具体的な政策提案を行ってきた。と同時に、自分がどのような方法論に立つかについても、拙い考えをめぐらせてきた。それは、ゲノム科学の成果を踏まえつつ、児玉龍彦との共著、『逆システム学　市場と生命のしくみを解き明かす』(岩波新書、二〇〇四年)と『日本病　長期衰退のダイナミクス』(岩波新書、二〇一六年)となっている。

この二著で書いたのは、制度経済学の病理学的アプローチとでも言うべき方法であった。前者は、市場を「制度の束」ととらえ、多重な調節制御の仕組みを解き明かすことで、できるだけ副作用のない政策の組み合わせを提示する方法を考えたつもりである。後者は、歴史的動態的な変化をとらえる際に、周期で変化を見つつ断絶的な非線形的変化がなぜ起きるかを解き明かすとともに、階層的に積み上げられてきた調節制御の仕組みのどこが壊れて「病気」になっていくかを解明する試みであった。なおも方法的に未熟な部分が多く残っているが、本書もそうした観点が応用されている。独特な考え方なので、必ずしも多くの方々に理解されているとは考えていないが、合わせて参照していただければ幸いである。

最後に、本書を書くことを勧めてくださった上田麻里さんには大変お世話になった。上田さんと組んだのは、雑誌『世界』一九九七年一二月号で橋本内閣の構造改革を批判し、不良債権処理が先であると論じたのが初めてである。発表直後に、北海道拓殖銀行や山一證券などが経営破綻したこともあって、多少とも私の拙い意見を聞いてもらえるようになった。上田さんは、そのきっかけを作ってくれた人である。一九九九年には『反グローバリズム　市場改革の戦略的思考』や神野直彦先生との共編著『「福祉政府」への提言　社会保障の新体系を構想する』を一緒に出した。その後も、上田さんとは何度か一緒に仕事をさせていただいた。思えば、平成の時代を一緒に考えながら仕事をしてきたように思う。そして、こうして平成を締めくくる仕事をともにできたことに、編集者との出会いも時代とともにある、ひとつの出来事なのだと実感している。改めて上田さんに深い謝意を表して筆をおきたい。

二〇一九年三月

金子　勝

金子 勝

1952年東京都生まれ.
経済学者．東京大学大学院経済学研究科博士課程修了．東京大学社会科学研究所助手，法政大学経済学部教授，慶應義塾大学経済学部教授などを経て，現在，立教大学経済学研究科特任教授.
専門—財政学，地方財政論，制度経済学
著書—『市場と制度の政治経済学』(東京大学出版会)
『新・反グローバリズム』『原発は火力より高い』『逆システム学』(共著)『日本病長期衰退のダイナミクス』(共著)『悩みいろいろ』(以上，岩波書店)
『長期停滞』『閉塞経済』『経済大転換』(以上，ちくま新書)
『資本主義の克服』(集英社新書)
『負けない人たち』(自由国民社) ほか

平成経済 衰退の本質　岩波新書(新赤版)1769

2019年4月19日　第1刷発行
2019年5月24日　第2刷発行

著　者　金《かね》子《こ》 勝《まさる》

発行者　岡本 厚

発行所　株式会社 岩波書店
〒101-8002 東京都千代田区一ツ橋2-5-5
案内 03-5210-4000　営業部 03-5210-4111
https://www.iwanami.co.jp/

新書編集部 03-5210-4054
http://www.iwanamishinsho.com/

印刷・精興社　カバー・半七印刷　製本・中永製本

ISBN 978-4-00-431769-2　Printed in Japan

岩波新書新赤版一〇〇〇点に際して

ひとつの時代が終わったと言われて久しい。だが、その先にいかなる時代を展望するのか、私たちはその輪郭すら描きえていない。二〇世紀から持ち越した課題の多くは、未だ解決の緒を見つけることのできないままであり、二一世紀が新たに招きよせた問題も少なくない。グローバル資本主義の浸透、憎悪の連鎖、暴力の応酬——世界は混沌として深い不安の只中にある。

現代社会においては変化が常態となり、速さと新しさに絶対的な価値が与えられた。消費社会の深化と情報技術の革命は、種々の境界を無くし、人々の生活やコミュニケーションの様式を根底から変容させてきた。ライフスタイルは多様化し、一面では個人の生き方をそれぞれが選びとる時代が始まっている。同時に、新たな格差が生まれ、様々な次元での亀裂や分断が深まっている。社会や歴史に対する意識が揺らぎ、普遍的な理念に対する根本的な懐疑や、現実を変えることへの無力感がひそかに根を張りつつある。そして生きることに誰もが困難を覚える時代が到来している。

しかし、日常生活のそれぞれの場で、自由と民主主義を獲得し実践することを通じて、私たち自身がそうした閉塞を乗り超え、希望の時代の幕開けを告げてゆくことは不可能ではあるまい。そのために、いま求められていること——それは、個と個の間で開かれた対話を積み重ねながら、人間らしく生きることの条件について一人ひとりが粘り強く思考することではないか。その営みの糧となるものが、教養に外ならないと私たちは考える。歴史とは何か、よく生きるとはいかなることか、世界そして人間はどこへ向かうべきなのか——こうした根源的な問いとの格闘が、文化と知の厚みを作り出し、個人と社会を支える基盤としての教養となった。まさにそのような教養への道案内こそ、岩波新書が創刊以来、追求してきたことである。

岩波新書は、日中戦争下の一九三八年一一月に赤版として創刊された。創刊の辞は、道義の精神に則らない日本の行動を憂慮し、批判的精神と良心的行動の欠如を戒めつつ、現代人の現代的教養を刊行の目的とする、と謳っている。以後、青版、黄版、新赤版と装いを改めながら、合計二五〇〇点余りを世に問うてきた。そして、いままた新赤版が一〇〇〇点を迎えたのを機に、人間の理性と良心への信頼を再確認し、それに裏打ちされた文化を培っていく決意を込めて、新しい装丁のもとに再出発したいと思う。一冊一冊から吹き出す新風が一人でも多くの読者の許に届くこと、そして希望ある時代への想像力を豊かにかき立てることを切に願う。

（二〇〇六年四月）

経済

社会

書名	著者
サイバーセキュリティ	谷脇康彦
まちづくり都市 金沢	山出　保
虚偽自白を読み解く	浜田寿美男
総介護社会	小竹雅子
戦争体験と経営者	立石泰則
住まいで「老活」	安楽玲子
現代社会はどこに向かうか	見田宗介
EVと自動運転 クルマをどう変えるか	鶴原吉郎
ルポ 保育格差	小林美希
津波災害〔増補版〕	河田惠昭
棋士とAI	王　銘琬
原子力規制委員会	新藤宗幸
東電原発裁判	添田孝史
日本問答	田中優子 松岡正剛
日本の無戸籍者	井戸まさえ
〈ひとり死〉時代のお葬式とお墓	小谷みどり
町を住みこなす	大月敏雄
親権と子ども	榊原富士子 池田清貴
歩く、見る、聞く 人びとの自然再生	宮内泰介
対話する社会へ	暉峻淑子
悩みいろいろ	金子　勝
魚と日本人 食と職の経済学	濱田武士
ルポ 貧困女子	飯島裕子
鳥獣害 動物たちと、どう向きあうか	祖田　修
科学者と戦争	池内　了
新しい幸福論	橘木俊詔
ブラックバイト 学生が危ない	今野晴貴
原発プロパガンダ	本間　龍
ルポ 母子避難	吉田千亜
日本にとって沖縄とは何か	新崎盛暉
日本病 長期衰退のダイナミクス	金子　勝 児玉龍彦
雇用身分社会	森岡孝二
生命保険とのつき合い方	出口治明
ルポ にっぽんのごみ	杉本裕明
鈴木さんにも分かるネットの未来	川上量生
地域に希望あり	大江正章
世論調査とは何だろうか	岩本　裕
フォト・ストーリー 沖縄の70年	石川文洋
ルポ 保育崩壊	小林美希
多数決を疑う 社会的選択理論とは何か	坂井豊貴
アホウドリを追った日本人	平岡昭利
朝鮮と日本に生きる	金　時鐘
被災弱者	岡田広行
農山村は消滅しない	小田切徳美
復興〈災害〉	塩崎賢明
「働くこと」を問い直す	山崎　憲
原発と大津波 警告を葬った人々	添田孝史
縮小都市の挑戦	矢作　弘
福島原発事故 被災者支援政策の欺瞞	日野行介
日本の年金	駒村康平

岩波新書より

食と農でつなぐ 福島から　塩谷弘康　岩崎由美子
過労自殺〔第二版〕　川人博
金沢を歩く　山出保
ドキュメント 豪雨災害　稲泉連
ひとり親家庭　赤石千衣子
女のからだ フェミニズム以後　荻野美穂
〈老いがい〉の時代　天野正子
子どもの貧困 II　阿部彩
性と法律　角田由紀子
ヘイト・スピーチとは何か　師岡康子
生活保護から考える　稲葉剛
かつお節と日本人　宮内泰介　藤林泰
家事労働ハラスメント　竹信三恵子
福島原発事故 県民健康管理調査の闇　日野行介
電気料金はなぜ上がるのか　朝日新聞経済部
おとなが育つ条件　柏木惠子
在日外国人〔第三版〕　田中宏
まち再生の術語集　延藤安弘

震災日録 記憶を記録する　森まゆみ
原発をつくらせない人びと　山秋真
社会人の生き方　暉峻淑子
構造災 科学技術社会に潜む危機　松本三和夫
家族という意志　芹沢俊介
ルポ 良心と義務　田中伸尚
飯舘村は負けない　千葉悦子　松野光伸
夢よりも深い覚醒へ　大澤真幸
子どもの声を社会へ　桜井智恵子
就職とは何か　森岡孝二
日本のデザイン　原研哉
ポジティヴ・アクション　辻村みよ子
脱原子力社会へ　長谷川公一
希望は絶望のど真ん中に　むのたけじ
福島 原発と人びと　広河隆一
アスベスト 広がる被害　大島秀利
原発を終わらせる　石橋克彦編
日本の食糧が危ない　中村靖彦
勲章 知られざる素顔　栗原俊雄

希望のつくり方　玄田有史
生き方の不平等　白波瀬佐和子
同性愛と異性愛　風間孝　河口和也
贅沢の条件　山田登世子
新しい労働社会　濱口桂一郎
世代間連帯　上野千鶴子　辻元清美
道路をどうするか　五十嵐敬喜　小川明雄
子どもの貧困　阿部彩
子どもへの性的虐待　森田ゆり
戦争絶滅へ、人間復活へ　むのたけじ　黒岩比佐子 聞き手
テレワーク「未来型労働」の現実　佐藤彰男
反貧困　湯浅誠
不可能性の時代　大澤真幸
地域の力　大江正章
グアムと日本人 戦争を埋立てた楽園　山口誠
少子社会日本　山田昌弘
親米と反米　吉見俊哉
「悩み」の正体　香山リカ

岩波新書より

変えてゆく勇気	上川あや
戦争で死ぬ、ということ	島本慈子
社会学入門	見田宗介
冠婚葬祭のひみつ	斎藤美奈子
壊れる男たち	金子雅臣
少年事件に取り組む	藤原正範
いまどきの「常識」	香山リカ
働きすぎの時代	森岡孝二
桜が創った「日本」	佐藤俊樹
生きる意味	上田紀行
ルポ 戦争協力拒否	吉田敏浩
ウォーター・ビジネス	中村靖彦
男女共同参画の時代	鹿嶋敬
当事者主権	中西正司 上野千鶴子
ルポ 解雇	島本慈子
豊かさの条件	暉峻淑子
人生案内	落合恵子
若者の法則	香山リカ
自白の心理学	浜田寿美男

原発事故はなぜくりかえすのか	高木仁三郎
日本の近代化遺産	伊東孝
証言 水俣病	栗原彬編
コンクリートが危ない	小林一輔
東京国税局査察部	立石勝規
ドキュメント 屠場	鎌田慧
能力主義と企業社会	熊沢誠
沖縄 平和の礎	大田昌秀
現代社会の理論	見田宗介
原発事故を問う	七沢潔
災害救援	野田正彰
命こそ宝 沖縄反戦の心	阿波根昌鴻
スパイの世界	中薗英助
都市開発を考える	大野輝之 レイコ・ハベ・エバンス
ディズニーランドという聖地	能登路雅子
原発はなぜ危険か	田中三彦
豊かさとは何か	暉峻淑子
農の情景	杉浦明平

光に向って咲け	粟津キヨ
異邦人は君ヶ代丸に乗って	金賛汀
読書と社会科学	内田義彦
科学文明に未来はあるか	野坂昭如編著
プルトニウムの恐怖	高木仁三郎
社会科学における人間	大塚久雄
沖縄ノート	大江健三郎
地の底の笑い話	上野英信
この世界の片隅で	山代巴編
音から隔てられて	入谷仙介 林瓢介編
ものいわぬ農民	大牟羅良
民話を生む人々	山代巴
死の灰と闘う科学者	三宅泰雄
米軍と農民	阿波根昌鴻
沖縄からの報告	瀬長亀次郎
暗い谷間の労働運動	大河内一男
ユダヤ人	J-P・サルトル 安堂信也訳
社会認識の歩み	内田義彦
社会科学の方法	大塚久雄

環境・地球

水の未来　沖　大幹
異常気象と地球温暖化　鬼頭昭雄
エネルギーを選びなおす　小澤祥司
欧州のエネルギーシフト　脇阪紀行
グリーン経済最前線　井田徹治・末吉竹二郎
低炭素社会のデザイン　西岡秀三
環境アセスメントとは何か　原科幸彦
生物多様性とは何か　井田徹治
キリマンジャロの雪が消えていく　石　弘之
イワシと気候変動　川崎　健
森林と人間　石城謙吉
世界森林報告　山田　勇
地球の水が危ない　高橋　裕
地球環境報告Ⅱ　石　弘之
地球温暖化を防ぐ　佐和隆光
地球環境問題とは何か　米本昌平
地球環境報告　石　弘之
国土の変貌と水害　高橋　裕
水俣病　原田正純

情報・メディア

K-POP　新感覚のメディア　金　成玫
メディア不信　何が問われているのか　林　香里
グローバル・ジャーナリズム　澤　康臣
キャスターという仕事　国谷裕子
読んじゃいなよ！　高橋源一郎編
読書と日本人　津野海太郎
スポーツアナウンサー　実況の真髄　山本　浩
戦争と検閲　石川達三を読み直す　河原理子
NHK〔新版〕　松田　浩
震災と情報　徳田雄洋
メディアと日本人　橋元良明
本は、これから　池澤夏樹編
デジタル社会はなぜ生きにくいか　徳田雄洋
ジャーナリズムの可能性　原　寿雄
ITリスクの考え方　佐々木良一
ユビキタスとは何か　坂村　健
ウェブ社会をどう生きるか　西垣　通
報道被害　梓澤和幸
メディア社会　佐藤卓己
現代の戦争報道　門奈直樹
未来をつくる図書館　菅谷明子
メディア・リテラシー　菅谷明子
職業としての編集者　吉野源三郎
本の中の世界　湯川秀樹
私の読書法　大内兵衛・茅　誠司

政治

日米安保体制史　吉次公介
官僚たちのアベノミクス　軽部謙介
在日米軍　変貌する日米安保体制　梅林宏道
憲法改正とは何だろうか　高見勝利
共生保障〈支え合い〉の戦略　宮本太郎
シルバー・デモクラシー　戦後世代の覚悟と責任　寺島実郎
憲法と政治　青井未帆
18歳からの民主主義　岩波新書編集部編
検証 安倍イズム　柿崎明二
右傾化する日本政治　中野晃一
外交ドキュメント 歴史認識　服部龍二
日米〈核〉同盟　原爆、核の傘、フクシマ　太田昌克
集団的自衛権と安全保障　豊下楢彦　古関彰一
日本は戦争をするのか　半田滋
アジア力の世紀　進藤榮一
民族紛争　月村太郎
自治体のエネルギー戦略　大野輝之
政治的思考　杉田敦
現代日本の政党デモクラシー　中北浩爾
サイバー時代の戦争　谷口長世
現代中国の政治　唐亮
日本の国会　大山礼子
戦後政治史〔第三版〕　石川真澄　山口二郎
〈私〉時代のデモクラシー　宇野重規
大臣〔増補版〕　菅直人
生活保障　排除しない社会へ　宮本太郎
「ふるさと」の発想　西川一誠
「戦地」派遣　変わる自衛隊　半田滋
民族とネイション　塩川伸明
昭和天皇　原武史
集団的自衛権とは何か　豊下楢彦
沖縄密約　西山太吉
ルポ 改憲潮流　斎藤貴男
吉田茂　原彬久
安心のファシズム　斎藤貴男
市民の政治学　篠原一
東京都政　佐々木信夫
有事法制批判　憲法再生フォーラム編
日本政治 再生の条件　山口二郎編著
安保条約の成立　豊下楢彦
岸信介　原彬久
自由主義の再検討　藤原保信
一九六〇年五月一九日　日高六郎編
日本の政治風土　篠原一
近代の政治思想　福田歓一
日本精神と平和国家　矢内原忠雄

岩波新書より

法律

治安維持法と共謀罪　内田博文
裁判の非情と人情　原田國男
独占禁止法〔新版〕　村上政博
密着 最高裁のしごと　川名壮志
「法の支配」とは何か 行政法入門　大浜啓吉
会社法入門〔新版〕　神田秀樹
憲法への招待〔新版〕　渋谷秀樹
比較のなかの改憲論　辻村みよ子
大災害と法　津久井進
変革期の地方自治法　兼子仁
原発訴訟　海渡雄一
労働法入門　水町勇一郎
人が人を裁くということ　小坂井敏晶
知的財産法入門　小泉直樹
消費者の権利〔新版〕　正田彬
司法官僚 裁判所の権力者たち　新藤宗幸
名誉毀損　山田隆司

刑法入門　山口厚
家族と法　二宮周平
憲法とは何か　長谷部恭男
良心の自由と子どもたち　西原博史
著作権の考え方　岡本薫
有事法制批判　憲法再生フォーラム編
法とは何か〔新版〕　渡辺洋三
民法のすすめ　星野英一
日本社会と法　渡辺洋三・甲斐道太郎・広渡清吾・小森田秋夫編
日本の憲法〔第三版〕　長谷川正安
憲法と天皇制　横田耕一
自由と国家　樋口陽一
憲法第九条　小林直樹
納税者の権利　北野弘久
小繋事件　戒能通孝
日本人の法意識　川島武宜

カラー版

カラー版 国芳　岩切友里子
カラー版 知床・北方四島　大泰司紀之・本間浩昭
カラー版 西洋陶磁入門　大平雅巳
カラー版 すばる望遠鏡の宇宙　海部宣男・宮下曉彦写真
カラー版 ベトナム 戦争と平和　石川文洋
カラー版 難民キャンプの子どもたち　田沼武能
カラー版 メッカ　野町和嘉
カラー版 シベリア動物誌　福田俊司
カラー版 ハッブル望遠鏡が見た宇宙　野本陽代・R・ウィリアムズ
カラー版 妖怪画談　水木しげる

福祉・医療

岩波新書/最新刊から

1766
イタリア史10講
北村暁夫 著
古代・中世における諸勢力の複雑な興亡や、リソルジメント以降の近現代史はもちろん、豊かな地域性、文化・芸術を明快に叙述。

1767
伊勢神宮と斎宮
西宮秀紀 著
天照大神を祭る伊勢神宮と、神宮に奉仕する皇女が住まう斎宮。古代国家との関わりや祭祀の実態を解明し、天皇の権威の源に迫る。

1768
がん免疫療法とは何か
本庶佑 著
PD-1抗体による免疫療法は、がん治療の考え方を根本から変えた。画期的治療法の開発を主導した著者が研究の歩みを語る。

1769
平成経済 衰退の本質
金子勝 著
百年に一度の危機の中で、この国が重ねてきた失敗とそのごまかしのカラクリとは。「終わりの始まり」の三〇年間をシビアに総括。

1770
シリーズ アメリカ合衆国史①
植民地から建国へ
19世紀初頭まで
和田光弘 著
一国史を超える豊かな視座から叙述する、最新の通史。第一巻は初期アメリカの歩みを、大西洋史や記憶史もふまえ叙述。

1774
バブル経済事件の深層
奥山俊宏
村山治 著
バブル崩壊が契機となって発生した数々の経済事件。新証言や新資料を発掘し、新たな視点からそれらの事件を再検証。深奥に迫る。

1775
ゲーム理論入門の入門
鎌田雄一郎 著
相手の出方をどう読むか。経済問題の分析だけでなく、ビジネスの戦略決定にも必須の基礎知識を、新進気鋭の理論家が解説する。

1776
二度読んだ本を三度読む
柳広司 著
若いころに読んだ名作は、やはり特別だった！ 作家が繰り返し読んだ本を読み直して改めて実感した読書の楽しさ。

(2019.5)